A MONSIEVR.

Mᵉ. ANDRE' BROE'. Conseiller dv Roy en sa Cour de Parlement de Paris.

MONSIEVR,

PITHAGORE dit que toutes choses consistent en nombres, que les nombres sont respandus par toute la nature, & que l'vnité n'est pas vn nombre, mais le principe des nóbres, & par consequent des ames & des intelligences, cóme aussi de tous les corps, & de toutes les parties dont cet Vniuers est composé. Et Dieu mesme est vn en essence, & trine en personnes, ayant choisy le beau nombre de trois, pour accomplir ses plus grands mysteres, tesmoin les trois Roys qui adorerent le Fils de Dieu en Bethleé.

Les Theologiens remarquent en l'Escriture saincte les trois personnes de la glorieuse Trinité; assauoir en la Genese la personne du Pere en ce mot (Dieu) celle du Fils en ce mot (Principe) & celle du Sainct Esprit en ce passage. Et le Sainct Esprit estoit porté sur les eaux. Or l'Image de ceste Trinité venerable se peut voir dās les cieux, dans les intelligences, & par toute la nature: mais specialement en l'homme; & selon l'opinion de Sainct Augustin en ces facultez de sõ ame, estre, cognoistre & vouloir, lesquelles semblēt estre vne chose en trois, ou trois choses en vne. Le mesme enseigne deux autres exemples au liure de la Trinité, assauoir l'Amant, la chose aymee & l'amour. Et l'esprit l'amour & la cognoissance; il en puise aussi aux choses naturelles, comme la fontaine, le fleuue & l'eau qui ont diuerses appellations: l'vn n'estant point l'autre, & tous trois n'estant qu'vne eau. En l'arbre nous voyons la racine, le pied de l'arbre & les branches qui ne sont qu'vn mesme arbre. Mais si laissant la terre nous esleuons nostre esprit au Ciel empyree, nous y verrons trois Hierarchies des Anges qui chantent par trois fois Sainct, Sainct, Sainct, est le Seigneur des armees: & ce grand Dieu Trin'vn a voulu honorer la nature du beau nombre de

LES DIVINS ESLANCEMENS

D'AMOVR EXPRIMEZ EN cent Cantiques faits en l'honneur de la Tres-saincte Trinité.

Auec les celestes flammes de l'Espouse Saincte.

Et Cantiques de la vie admirable de Saincte Catherine de Sienne de l'Ordre S. Dominique.

Par CLAVDE HOPIL Parisien.

A PARIS,
Chez SEBASTIEN HVRÉ, ruë S. Iacques, au Cœur-bon.

M. DC. XXIX.
Auec Approbation, & Priuilege.

APPROBATION
des Docteurs.

Nous soubsignez Docteurs en Theologie de la faculté de Paris, certifions auoir leu & diligemment examiné vn liure intitulé, *Les Diuins Eslancemens d'amour exprimez en cent Cantiques faits en l'honneur de la Tres-saincte Trinité. Auec les celestes flammes de l'Espouse Saincte. Et Cantiques de la vie admirable de Saincte Catherine de Sienne de l'ordre sainct Dominique.* Par Claude Hopil Parisien, auquel n'auons rien trouué qui soit contraire à la foy, & aux bonnes mœurs, c'est pourquoy nous l'auons iugé digne d'estre communiqué au public. Faict à Paris le vingtiesme iour d'Octobre mil six cents vingt-huict.

S. PESTEL.

Fr. M. CHRESTIEN.

trois, luy dis-ie qui a faict toutes choses en nombre, poids & mesure. Le diuin sainct Denys faict trois Hierarchies, la premiere sur-celeste des trois personnes de la tres-saincte Trinité, la seconde celeste des Anges, la troisiesme soubs-celeste des Estats, Seigneurs & Prelats de ce monde. Les Philosophes constituent trois principes des choses. Dieu, la matiere & l'idee ; Mais l'vnique & vray principe de toutes choses est Dieu seul. Il y a trois Cieux (selon S. Paul) ou bien trois regions du Ciel empyree, l'etheree & la region de l'air. Il y a trois mouuemés aux Cieux, le premier mouuement est du dixiesme & premier Ciel qui se meut de l'Orient vers l'Occident. Le secód est des autres Spheres qui se meuuent au contraire de l'Occidét en Orient. Le troisiesme est le mouuement de trepidation par lequel les sept Planettes se meuuent inesgalement, tantost plus vers le Septétrion, tantost plus vers le Midy. Il y a mesmes trois sortes de Cieux, d'intelligence, de mouuemens & d'ornement. Au Soleil se rencontrent trois qualitez essentielles, la lumiere, le mouuemét & la chaleur; ou selon aucuns le corps du Soleil, la lumiere resultant du corps solaire, & les rayons procedans de ceste lumiere. Il y a trois choses qui font l'ombre, la lumiere, le corps & le lieu sans clarté. Trois choses pour former la veuë, le sujet, assauoir la prunelle (appellee par les Philosophes, fille de l'œil) l'objet, assauoir la couleur, la quantité, le corps : l'entre-deux, assauoir les rayons visuels qui sortent de l'œil, ou les Images ou especes des choses visibles & sensibles. Au feu il y a trois qualitez, la lumiere, l'actiuité, l'ardeur. Il y a trois regions de l'air. En la mer il y a trois dimensions, grandeur, largeur, profondeur : Elle a trois sortes de mouuemens, l'vn entant qu'elle est eau, l'autre en qualité de mer & le troisiesme est causé par les vents. Il y a au corps de la terre la rondeur, la superficie, le centre. Les Philosop. font 3. sortes de mouuemét le mouuemét local, celuy d'alteration & celuy de quâtité. Il y a 3. poincts du téps, le passé, le present & l'aduenir : trois especes d'estre, eternel, perpetuel & temporel, trois espaces de la duree, du móde le téps auât la loy, celuy de la loy, la loy de grace. Les Philosophes admettent trois parties qui informét l'hóme, le corps, l'ame & l'esprit. Ce que S: Paul semble verifier, disant aux Thessaloniciens, le Dieu de paix vous vueille sanctifier entierement, & tout voſtre eſprit, ame & corps ſoit conſerué ſans reproche à la venuë de N. Seigneur Ieſus Chriſt. Il y a trois principaux membres de l'homme, le cerueau, le cœur & le foye. Ariſtote dit que l'ame a trois facultez, la ſenſitiue, la raiſonnable & l'intellectiue. Mais ſes trois puiſſances principales ſont la memoire, l'entendement & la volonté. Il y a trois vertus Theologales, foy, eſperance, charité, rapportees à la cognoiſſance, le deſir & l'vnion. Les Philoſophes admettent trois principes des operations naturelles, les puiſſances, les habitudes ou qualitez, & les affections ou paſſions. Il y a en l'ame trois moyens de cognoiſtre, le ſentimét, la raiſon & l'entendement. Platon dict qu'il y a trois choſes efficientes requiſes en toutes diſciplines, la nature, l'art & l'exercice. Seneque, trois manieres de vie, la voluptueuſe, l'actiue & la contemplatiue. Toute la Philoſophie ſe diuiſe en trois parties, Phyſique, Ethique & Dialectique. Platon eſtablit 3. ſortes de biens, de l'ame, du corps & de la fortune 3. ſortes de Iuſtice, l'vne enuers les Dieux, l'autre enuers les hommes, & la troiſieſme enuers les morts 3. eſpeces de beauté, l'vne pour la bien-ſeance, l'autre pour l'vſa-

A iiij

ge, & la troisiesme pour l'vtilité. Les Anciens ont constitué trois graces, Æglé, Euphrosyne & Thalia. Ie n'aurois point de grace si ie voulois poursuiure ce discours à la loüäge du Ternaire, desia trop long pour vne Epistre. C'est pourquoy ie le finiray par celuy qui est le commencement, le milieu & la fin de toutes choses; vous suppliant (Monsieur) de prendre la peine de lire les cinquante Cantiques de la saincte Trinité que ie vous desdie, lesquels Cantiques ne sont pas tant les enfans de mon esprit que du diuin amour qui me les a faict enfanter & châter pour la gloire du grand Dieu, Trine en personne, & tres-vnique en essence, qui est le tres-digne sujet de ces Cantiques que ie vous offre auec la mesme volonté qu'ils ont esté escrits pour la gloire de nostre grand Dieu Eternel, souuerain & tout incomprehensible, lequel ie supplie me faire la grace de vous tesmoigner toute ma vie que ie suis.

MONSIEVR,

Vostre tres-humble, & tres-obeïssant seruiteur
HOPIL.

CANTIQVES SPIRITVELS.

CANTIQVE I.

De la Tressaincte Trinité.

PASME' dedans le sein de mon doux Iesus-Christ,
Confus, ie chante vn Pere, vn Fils, vn S. Esprit,
Vn seul Dieu que i'adore;
Ie n'entens point ces trois en leur simple vnité,
Et ne les comprendray totalement encore
Dedans l'Eternité.

II.

Contemplant Iesus Christ, cet Espoux gracieux
Vn Pere me reuele, & l'Esprit glorieux
Ces deux me fait entendre:
Non pas dans le cachot de mon entendement,
Mais dãs l'œil de la foy qui ne les peut cõprẽdre

A v

CANTIQVES

Que tres-obscurement.

III.

Dictes moy (Cherubins) qui la diuinité
Voyez tres-clairement, quelle est la Trinité?
    Annoncez ce mystere:
Ie vous voy tellement rauis dans ces splendeurs
Que vostre seul silence & doux & salutaire
    Reuele ses grandeurs.

IV.

Ie ne sçay pas pourquoy ie me vais enquerant
Aux Anges de l'object, les Saincts enamourât
    De sa gloire feconde:
N'est-ce point que l'esprit absent de sõ vray lieu
N'aymant rien que le Ciel, ne prend plaisir au
    monde
    Qu'à parler de son Dieu?

V.

Disant que trois sont vn, que cet vn en ces trois
C'est mõ Dieu, qu'au cachot de la foy i'entreuois
    Mon ame en est charmee:
Si ne les voyant point le cœur est si content
En les cherchant tousiours, ô qu'vne ame est
    pasmee
    Au sein qu'elle ayme tant!

VI.

Ie ne veux plus parler de ceste Trinité
De peur de blasphemer, mais sa belle vnité
    Admirer en silence;

SPIRITVELS.

Les Anges ne font rien que l'adorer toufiours,
Heureux l'admirateur qui tombe en defaillance
   En ses sainctes amours!

VII.

Myſtere du myſtere, & ſplẽdeur des ſplẽdeurs,
Lumiere de lumiere & grãdeur des grãdeurs,
   Eſſence des eſſences!
Qu'eſt-ce là: ie ne ſçay: principe, fin, milieu,
Rien de ce que i'eſcry, dans ces magnificences
   Ie ne voy pas mon Dieu.

VIII.

Si ie ne ſçaurois voir ce puiſſant Roy des Roys
Dans ſa ſimple vnité, comme en verrois ie trois
   Qui ſont l'vnité meſme?
Trois vnitez en vne, & 3. poincts en vn poinct;
I'adore ce myſtere en l'extaze ſupreſme
   Mais ie ne le voy point.

IX.

C'eſt donc pour mon ſalut & la gloire du Roy
Que ie ne voy ces trois que par l'œil de la foy;
   Dieu meſme eſt ce ternaire:
Les myſteres du Ciel ne ſe voyent des yeux
Ie dy de ceux du corps, & ce diuin myſtere
   N'eſt veu que par les Dieux.

X.

Il y a par nature vn ſeul Dieu ſeulement,
Mais il y a par grace au tres-haut firmament
   Des Anges Deifiques:

CANTIQVES

I'ay dit vous estes Dieux (dit l'Oracle sacré)
Et qui faict Dieux les Saincts ? les grandeurs
magnifiques
Du Ternaire adoré.

XI.

Seigneur, ie vous adore en ce lieu sur tout lieu
Dans ce diuin excez: Car vous estes mon Dieu,
(Trinité venerable!)
I'en voy trois par la foy, ie n'en adore qu'vn;
Que les trois chœurs du Ciel chantent l'essence
aymable
De ce grand Dieu Trin'vn.

CANTIQVE II.

I.

DICTES, qu'est-ce que Dieu? ie ne sçau-
rois le dire,
I'en pense quelque chose, & ie ne sçay que c'est,
N'estant ce que i'estime, il est celuy qui est,
Ie puis (non ce qu'il est, mais ce qu'il n'est,
escrire):
Non, ie n'en pense rien en ce terrestre lieu:
Car en luy tout est Dieu.

II.

Qu'est-ce donc qu'vnité ? qu'est-ce que ce

SPIRITVELS.

Ternaire
Où trois noms (non trois Dieux) sont dans vn
 estre vnis?
Ie ne sçay, donnez moy (non trois iours accōplis)
Non trois ans, mais mille ans pour peser au my-
 stere
Et puis ie vous diray (dans le ciel eslancé)
 Ie n'y ay pas pensé.

III.
Dieu (grād cercle infiny) ne permet à nostre ame
En sa derniere idee, en l'excez de l'esprit
D'apprendre ce qu'il est, ce pur acte rauit
Les Anges & les Saincts, & tellemēt les pasmē
Qu'employāt tout leur estre à l'aymer en Iesus,
 En eux ne sont rien plus.

IV.
Dieu n'est qu'vn nom diuin, mais sa tres-pure
 essence
Est comprise en ces trois qui parfont l'vnité,
L'esprit qui comprendra la simple eternité
Il entendra la gloire & la magnificence
De celuy qui regnant en soy-mesme tousiours
 Est toutes ses amours.

V.
Esleuez vos esprits si haut au Ciel supresme
Qu'ils semblent abysmez dans le fleuue des
 Cieux,
Iamais vous n'entendrez ce Trin'vn glorieux,

Ce Ternaire en cet vn, puisque c'est mon Dieu
    mesme:
Trois personnes vn Dieu, trois poincts dans vn
    seul poinct
      Certes ie n'enten point.

VI.

Les brillans Cherubins qui dedans la lumiere
De Dieu sont faicts tout yeux, ne le compren-
    nent pas
En toute la grandeur de l'essence premiere;
Et nous qui ne voyons qu'au trauers d'vn
    broüillats,
Que pourrions nous entendre ? abbaissant nostre
    veüe
      Adorons dans la nuë.

VII.

Oyez mon sentiment, si mon ame en mystere
Pouuoit au corps espais voir ce tres-pur objet,
Ie ne contemplerois son visage parfait
Car de la viue foy ie perdrois le salaire
Qui verroit icy bas son bel œil consommant
    Mourroit soudainement.

VIII.

L'ame vit en voyant ce grand Dieu de la vie
Quand de la saincte gloire elle a senty les feux,
Les Anges receuans ses rayons lumineux
Par qui l'ame fidelle est dans le Ciel rauie,
Adorent, (en voyant la claire Trinité)
    L'amoureuse Vnité.

SPIRITVELS.

IX.

O Dieu, que i'ay de ioye, y pêsant ie m'embraze)
De ne pouuoir entendre vn mystere si hault!
Les grandeurs de mon Dieu (où tout esprit de-
faut)
Paroissant en ce poinct, font tomber en extaze
Les esprits adorans en l'vn trois vnitez,
Non trois diuinitez.

X.

Qu'est-ce donc que i'ay dict? & que m'a faict
escrire
Cet amour qui possede entierement mon cœur?
Ie ne sçay, peu ou rien, de ce sujet vainqueur
I'escris en admirant afin de n'en mesdire;
L'admirer, l'adorer c'est chanter humblement
Son Cantique charmant.

XI.

Hola! ne parlons plus, admirons en silence,
I'enten trois chœurs chātans S. S. S. le Seigneur!
Au grãd Dieu trois fois S. à iamais soit hõneur
Par ces trois qui ne sont qu'vne tres-simple es-
sence,
Dont mes trois facultez (petite Trinité)
Adorent l'vnité.

CANTIQUE III.

I.

D'VN esprit esleué sur la montagne belle
Où quand & comme il veut, Dieu tout
bon se reuelle,
    Ie l'adorois tousiours:
Du sommet de l'esprit ma pauure ame eslancee
Sur les aisles d'amour, dans le Soleil des iours
Aymoit sans voir l'obiect de sa douce pensee.

II.

Tant plus ie regardois, moins ie voyois la chose
Qu'on nomme Trinité, le principe & la cause
    Du Ciel, du temps & lieu:
Plus ie prenois le vol, moins mes pensers indignes
Approchoient de celuy qui ne seroit pas Dieu
Si de le conceuoir, les hommes estoient dignes.

III.

Ie sentois dans mon ame vne amoureuse peine
(Ayant volé si hault, mesme à peine d'haleine)
    De ne voir mon obiect;
Trois vierges me parlant, foy, amour, esperance,
I'adorois en esprit cet acte tres-abstraict,

SPIRITVELS.

Benissant en mon Dieu ma saincte defaillance.

IV.

I'auois fait cet arrest au parquet de mon ame
De ne penser iamais au sujet qui me pasme
    Sinon qu'en l'admirant;
Mais voyant en esprit le tuteur de ma vie
Ie luy dy, Monstrez moy cet VN enamourant
Dans le ternaire Sainct, dont i'ay l'ame rauie.

V.

Tu ne peux qu'admirer le trois fois S. mystere
(Me dit-il) mais ie veux, pour au trin'vn complaire.
    T'en marquer quelque traict:
Entre donc en extase en pensant à ta cause;
Tout ce que i'en diray sera la moindre chose
Contenuë aux secrets De ce mystere abstraict.

VI.

Le verbe est vn miroir, vne tres-pure glace
Où le Pere Eternel voit sa diuine face
    En ce fils ton espoux,
Tous deux se complaisant en ce regard fidelle,
Procede vn S. amour de ce plaisir tres-doux,
Amour essenciel que l'esprit on appelle.

VII.

Ie te parle à regret de ce mystere estrange
Reuelé de Dieu seul & cogneu du seul Ange
    Et des Saincts bien-heureux:
Il est cogneu de nous (non tant selon l'essence

Que selon le pouuoir de nostre estre amoureux
De la Trin'vnité que j'admire en silence.

VIII.

Ie t'en parle à regret, & n'en veux plus riẽ dire
Afin que plein d'amour sans cesse tu l'admire
  Et tu ne penses point
Que tout ce qu'on diroit peust exprimer cet Estre
Lequel (en pur amour au verbe estant conjoinct)
En entrant dans le Ciel, on commence à co-
 gnoistre.

IX.

Tousiours ceste science on commence d'apprẽdre
Sans iamais au mystere vn grand Maistre se
 rendre,
  Il est trop glorieux;
Mais ce cõmencement (qui rẽd l'ame parfaicte)
La rauit tellement dans l'object precieux
Qu'en toute eternité elle en demeure abstraicte.

X.

Consacre ta memoire au Pere debonnaire
Et ton intelligence au verbe salutaire,
  Ton vouloir à l'esprit;
La Trinité petite, heureuse estant vnie
Auec ce grand Trin'vn par vn seul Iesus-
 Christ,
Dans le sein paternel vn iour sera rauie.

XI.

Le Fils pour toy faict hõme, offrira ta belle ame

SPIRITVELS.

Au Pere Tout-puissant, & cet Esprit qui pasme
En son sein les esleûz,
A ces deux t'offrira pour estre la victime
De loüange & d'amour, pour chanter en Iesus
A la Trinité saincte vn air doux & sublime.

CANTIQVE IV.

I.

Avant que l'Eternel eust faict la terre &
  l'onde,
Dieu mesme estoit son Ciel & son Louure, &
  son monde,
Il demeuroit chez soy comme il loge tousiours:
Au sejour perdurable il n'est pas solitaire;
Tres-vnique d'essence, il trouue au S. ternaire.
  Ses diuines amours.

II.

Le Pere ayme le Fils, & le Fils, le Pere ayme,
Le S. Esprit les deux; Dieu se cherit soy-mesme
De toute Eternité d'vn ineffable amour:
Voyez donc s'il est seul en ceste compagnie
Diuine, essentielle, ineffable, infinie?
  De mon Roy c'est la Cour.

III.

O mystere caché dans l'abysme profonde!
Grand estre glorieux qui cõprend tout le mõde

Sans estre de l'esprit compris totallement!
Ie veux biē m'abismer en vous par impuissāce.
De demeurer en moy, car ceste defaillance
    Diuinise l'amant.

IV.

Ie cherche l'unité que i'ay desia cherchee
En la nuict de l'amour, dedans un lict couchee
Qui plus qu'un beau midy reluit aux Sera-
    phins;
(Mon Ange) as-tu point veu celuy que mon
    cœur ayme?
Mon Soleil glorieux est caché dans soy-mesme
    En des cachots diuins.

V.

Vn seul est mon Amour, ma liesse & ma vie,
Ie n'en cherche pas deux; trois m'ōt l'ame rauie
Dans l'ombrage secret de ma felicité:
Ie ne puis trouuer l'un sās voir les trois encore,
De ses trois facultez mon ame unique adore
    Ceste Trin'unité.

VI.

(Pere) sanctifiez ma fragile memoire,
O saincte plenitude, ô ma vie, ô ma gloire!
Mon Ciel, mon Paradis, mon Louure precieux!
O Verbe illuminez l'intelligence obscure,
Et rechauffez mon cœur de vostre amour tres-
    pure
    (S. Esprit glorieux.)

SPIRITVELS.

VII.

Ie vous croy, ie vous voy, (Trinité tres-ab-
straicte)
Vous croyāt ie vous voy d'une veüe imparfaicte:
Pere tres-glorieux, que vous estes caché!
Verbe, ie vous cognois, & ne vous vois encore,
S. Esprit, ie vous ayme & (pasmé) vous adore
Dans les ombres couché.

VIII.

Mes sens sont esblouis, & ma veüe empeschee
Ne peut voir en ce corps la Trinité cachee;
Pren courage (mon cœur) car tu la trouuerras;
Et par Iesus caché au ventre de Marie,
Au sepulchre trois iours, to⁹ les iours en l'hostie,
Vn iour tu la verras.

IX.

Mon Seigneur est caché dans ce triple mystere,
Il l'est encore plus dans le sacré ternaire,
En sa propre lumiere il est pour moy caché:
C'est vn brillant Soleil, son essence diuine
Ne se reuele pas à l'ame pelerine
Et subjecte au peché!

X.

Mõ Dieu, ie vous adore auec mes trois puissãces,
Et auec les trois chœurs de vos intelligences
Qui sont pasmez de ioye en l'eternel sejour:
Ie veux mourir, amant de ce diuin ternaire,
Ceste langueur celeste, à l'ame salutaire,
La faict viure d'amour.

CANTIQUE V.

I.

Avãt que Dieu crea le Ciel, le tẽps, le lieu,
Il estoit en soy-mesme & tout estoit en
Dieu;
De toute eternité se contemplant luy-mesme
Il engendre son verbe en tout esgal à soy,
De ces deux procedant le S. Esprit supresme,
Comme tient nostre foy.

II.

La grande Trinité la petite crea
De rien, en certain temps, au corps l'ame influa
Pour aspirer sans fin à sa cause parfaicte:
Ne vous estonnez donc si ie pense tousiours
A ce grand Dieu Trin'vn, pour lequel l'ame
est faicte,
C'est toutes mes amours.

III.

I'aspire, ie souspire & i'halette sans fin
Apres ceste vnité mon principe Diuin,
Cherchant dedans ces trois ma saincte pleni-
tude:
Bien-heureux est celuy qui meurt en la cher-
chant;

De voir ce Dieu trin' vn: c'est ma beatitude;
  Où se va-il cachant?

IV.

Dans l'ombrage secret de gloire il est caché,
Dans vn ardant midy d'amour il est couché,
Le tres-haut est caché dans sa propre lumiere;
Las! ie n'aspire pas à le voir de mes yeux
Mais à l'ombre adorer ceste essence premiere
  Au verbe glorieux.

V.

Ie voy bien que l'esprit ne le sçauroit trouuer,
I'enten bien qu'en ce corps on ne peut arriuer
A voir des yeux de l'ame vne si pure essence,
C'est beaucoup de cognoistre en l'homme vn tel
  default,
Contemplant dans le Ciel ceste claire substance
  L'Ange mesme default.

VI.

Les trois sont vne essence, & par ceste vnité
Ie voudrois m'introduire en la Diuinité
Que i'adore en mon cœur, & qui d'amour me
  pasme!
L'esprit ne la comprend, mais bien l'acte amou-
  reux,
Le trois le meine à l'vn, mais quelque iour mon
  ame
    Les verra par le deux.

VII.

En ceste Trinité le Fils tient le milieu,
C'est ce deux qui conduit en l'unité de Dieu
Et dans le cœur divin meine le cœur de l'hõme;
L'humanité conioincte à la Divinité
Est-ce deux qui nous guide au seiour que la pomme.
  Auoit desmerité

VIII.

O que les trois sont beaux, ils sõt purs, rauissãs!
Esgallement parfaicts, glorieux & puissans,
Vne bonté pareille, vne sagesse esgalle,
Vn amour, vne gloire, vne Diuinité!
Et ces trois vnitez en l'essence Royale
  Ne sont qu'vne vnité.

IX.

O beau nombre parfaict que le nombre de trois!
Le S. le S. le S. est ce grand Roy des Roys,
Le trois on ne peut voir, que l'vn on ne contẽple,
L'vnité meine aux trois, les trois meinẽt à l'vn,
Trois chœurs vnis d'amour adorent au S. tẽple
  Le principe trin'vn.

X.

Ie voudrois que mõ cœur vn Cherubin fust faict
Pour admirer cet Estre absolument abstraict;
Ou que ce mesme cœur fust chãgé tout en flãme;
Comme vn beau Seraphin i'aymerois l'vnité
Qui les celestes chœurs diuinement enflamme
  D'aymer la Trinité.

II.

SPIRITVELS.

II.

Ie prens vn grand plaisir de m'aller figurant
Que sans cesse les Saincts ce mystere adorant
Chãtent, O trois fois Sainct, d'vne lãgue diuine,
Et que le chœur Trin'vn des Anges inuité
Redit comme vn Echo (qui iamais ne termine)
    Gloire à son vnité!

XII.

Tous les œuures creez de la diuinité
Sont des nombres finis, tirez par l'vnité
Des cachots du neant, ô la merueilleuse chose!
Le ternaire parfaict, plein de felicité,
N'est pas nombre en effect, mais des nombres la
    cause
    Comme simple vnité.

XIII.

Le trois est l'vnité selon Dieu ce n'est qu'vn,
Ce n'est qu'vn en essence, & ce grand Dieu
    Trin'vn
En trois noms exprimé, simple & mesme de-
    meure:
Adorons ce secret l'extaze des esprits,
L'homme peut l'admirer, mais iusqu'a tant
    qu'il meure
    Ne peut estre compris.

CANTIQVE VI.

I.

Qvand au doux vol d'amour, la Trinité diuine
A l'ombre ie contemple, afin de l'adorer,
Abbaiſſant mon eſprit ie ne fay qu'admirer
Et commence à la voir où mon vol ſe termine,
Non, ie commence à voir que ie ne la voy pas
Au myſtique treſpas.

II.

Faiſant touſiours monter de Ciel en Ciel l'idee
Par mille eſlancemens, iuſqu'au dernier reſſort,
Alors que dans l'excez le ſentiment eſt mort
L'ame commance à viure, & dans le Ciel guindee,
Voyant qu'inacceſſible eſt de Dieu le ſejour
Elle paſme d'amour.

III.

Elle bruſle ſans voir la cauſe de ſa peine,
Meurt de ne mourir pas, pour voir l'eſtre viuant,
Et voyãt qu'elle n'eſt que pouſſiere, & que vẽt
(Indigne de mourir de la mort ſouueraine)
Elle s'eſcrie ainſi, faictes, mon Dieu treſ-doux,
Que ie meure pour vous.

IV.

Ie souffre nuict & iour vne mort amoureuse
Pour ce diuin espoux qui mourut en ce lieu
Au milieu des larrons, luy qui tient le milieu
En ceste Trinité tres-saincte, & tres-heureuse:
Languiray-ie tousiours pour la belle vnité
    Sans voir la Trinité?

V.

De l'Aigle le grand vol ne sçauroit guinder
    l'ame
Au secret de l'Espoux que mon cœur ayme tãt,
Faictes donc que ie l'ayme & ie seray content
Nichãt dãs son costé (où d'amour l'ame pasme)
Si i'estois vn pigeon, vn Ange ou Seraphin
    I'y volerois sans fin.

VI.

Pour voler au tres-hault, mon esprit n'a point
    d'aisle,
Iesus m'en donnera pour chercher l'vnité,
Pourroit on arriuer à ceste Trinité
Par vn doux vol d'amour? ceste verité belle
(Anges) reuelez moy, car mon debile esprit
    Est mort sans Iesus-Christ.

VII.

Ceste Trin'vnité des Anges est la vie;
Or si n'entendant pas ceste alme verité
Ils ne pouuoient aymer la saincte Trinité
Cõment seroit leur ame en son grãd sein rauie?

B iij

Ie ne veux la cōprendre, ains seulemēt l'aymer,
En l'aymant me pasmer.
VIII.
On dict bien que l'esprit (qui les deux noms assemble)
Est l'amoureux lien de ceste Trinité,
Mais i'appelle les trois, l'amoureuse vnité
Formant de trois amans vn seul amour ensemble,
Amour sur toute forme, estre sur tout obiect,
Tresimple & tres-abstraict.
IX.
Si vous n'estes qu'amour (belle & parfaicte essence)
Vnissez ma pauure ame auec vous par l'esprit,
Qu'elle soit faicte amour au sein de Iesus-Christ
Afin que i'ayme en luy ceste vnique substance
Qui s'appelle puissance & sagesse & bonté,
Et n'est que charité.
X.
Vous n'estes rien qu'amour (ô grandeur souueraine)
Vous n'estes que bonté, que douceur & plaisir;
Faictes que ie ne sois qu'amour, ioye & desir
En vous, de to⁹ plaisirs la source & la fōtaine,
Afin que dans l'excez i'anonce nuict & iour
Le mystere d'amour.

SPIRITVELS.

XI.

Indigne de chanter le triomphe & la gloire
De la Trinité saincte auec les Cherubins,
Ie chante son amour auec les Seraphins,
Amour qui sur la mort emporta la victoire,
Introduisant mon ame en la douce vnité
Sein de la Trinité.

CANTIQVE VII.

I.

Dans la simple vnité de la Trinité saincte
(Sans temps & sans milieu, sans principe & sans bout)
Ie vis vn petit tout subsistant au grand tout)
    Auec amour & crainte,
Ce petit tout sembloit à mes yeux n'estre rien
    Dans mon souuerain bien.

II.

Mais quel est ce grand tout que l'infinie essence
De Dieu qui contient tout sans espace ny lieu,
Deuant qui tout n'est rien, en qui tout est faict
    Dieu
    Par son amour immense,
Les Anges & les Saincts sont faicts de petits
    Dieux.

En son sein glorieux.

III.

Le Pere est infiny, le Verbe l'est encore,
L'esprit est infiny, mais ceste infinité
Est vn objet tres-simple en ceste Trinité
    Qu'en vnité i'adore,
Comme des trois, vnique est leur eternité,
    Et leur enfinité.

IV.

Trois noms! pourquoy non deux? i'adore ce mystere;
Trois personnes vn Dieu! i'admire vn tel secret;
Les trois sont existãs dãs vn seul estre abstrait,
    O diuin sanctuaire!
O S. ô S. ô S. dans vos pures splendeurs
    I'adore vos grandeurs.

V.

Contemplant dans mon rien, ce tout sans qui mon estre
Ne pourroit subsister vn seul petit moment,
Touché du S. Esprit i'entre en rauissement,
    Et desirant cognoistre
Cet vn qui me rauit, de l'esprit & du cœur
    Le mystere est vainqueur.

VI.

On n'en cognoist vn seul sans y voir le ternaire
(Car le deux imparfait n'est vn nombre diuin)

SPIRITVELS. 31

Mais on ne voit les trois sãsvoir l'vn souuerain
　Qu'on adore en mystere,
I'entreuoy bien qu'il est, mais qu'il est biē caché
　Au cœur plein de peché.

VII.

En pensant que c'est Dieu, ceste cause premiere
Qui crea Ciel & Terre (& le tout d'vn neant)
Dans vn petit cachot ie vais entreuoyant
　Vn rayon de lumiere,
Mais esleuant les yeux pour voir la Trinité
　Ie voy la vanité.

VIII.

Vn torrent furieux, trauersant vn Prophete
Il en eust iusqu'aux reins, tousiours croissant
　ceste eau
En passant plus auant il eut faict son tombeau
　Dans ceste onde secrette:
Vn esprit periroit en passant ce torrent
　Que ie vais adorant.

IX.

S'il est vn Ocean, vne goutte est ce monde;
Et s'il est vn Soleil, tout l'Vniuers n'est rien
Qu'vn atome animé; c'est le souuerain bien
Et ce n'est qu'vn defaut que ceste masse Ronde
Au respect de celuy qui (trois en vnité)
　Regne en l'eternité.

X.

I'adore ses grandeurs & sa magnificence;
B iiij

CANTIQVES

C'eſt l'excez de mõ cœur, de voir (pẽſans à luy)
Qu'il eſtoit touſiours Dieu comme il eſt au-
iourd'huy,
  Content en ſon eſſence
Où le Fils regne au Pere, & l'eſprit dãs le Fils,
  Eternel Paradis.

XI.

Ne pouuant rien offrir à la Trinité belle
Qui nous a tout dõné, voire ſoy-meſme à nous,
Faiſans l'acte d'amour en nous cõplaiſant tous
  De ſa gloire eternelle,
Trois perſonnes regnant au ſein de l'vnité
  En toute eternité.

XII.

Mon Dieu vous eſtes Dieu des hommes & des
  Anges,
Vous eſtes Dieu des Saincts & de la Vierge
  encor,
Vous regnez (Souuerain) dans vn grand throſ-
  ne d'or
  Adoré des Archanges,
Vous eſtes voſtre gloire en vn lieu ſur tout lieu,
  Car ſeul vous eſtes Dieu.

CANTIQVE VIII.

I.

Qvel abysme ie voy! mon ame s'espouuante!
Elle est aneantie, & ne peut subsister!
Vn esprit deuorant, l'esprit me vient oster,
I'en voy trois en vn seul, vnité rauissante!
Ie ne puis plus durer dãs mon estre imparfaict,
  Ie meurs pour le parfaict.

II.

Trois abismes en vn, trois fleuues en vn fleuue,
Trois Soleils au Soleil, trois poincts en vn seul
  poinct,
Trois esprits vn esprit! qu'est-ce? Ie ne sçay
  point;
En cherchant trois & l'VN, mon esprit rien
  ne treuue;
En le cherchant par foy, ie trouue en vn brouïl-
  las
  L'estre qu'on ne voit pas.

III.

Seul il estoit, il est, il sera perdurable,
Qui, Dieu? c'est mal parlé de cet Estre eternel,
Il faut dire qu'il est, car l'estre perennel
N'a passé ny futur, ce moment admirable

Ne passera iamais dans le temps ny le lieux,
 Car il est tousiours Dieu.

IV.

Il est l'estre de l'estre & le regne & la vie,
Il est celuy qui vit dans luy-mesme sans fin,
Ce n'est pas bien parler que dire (Estre Diuin)
Car cet Estre est Dieu mesme ; Ha! i'ay l'ame
 rauie!
Venez (ô Cherubins) ce secret reueler:
 Car ie n'en puis parler.

V.

I'ay peur (ô Seraphins) qu'ẽ couurãt ce mystere
Des aisles du respect, ie ne puisse voler
Dans le ciel de la gloire, il vaut donc mieux
 voiler
Mon esprit du silence, & d'vn vœu salutaire
En excez admirer ce trois fois glorieux,
 Que d'y perdre les yeux.

VI.

S'il ne tient qu'à mourir (cõme disoit l'Oracle)
Pour contẽpler celuy pour qui ie meurs d'amour
Ie veux quitter le corps pour le diuin séjour,
(Anges) tirez vn peu du sacré tabernacle
Le voile precieux, afin de voir l'obiect
 De toute idee abstraict.

VII.

Non, ne le tirez pas, il faut que le corps meure,
Afin que l'esprit viue en voyant ce grãd Dieu,

Mais ce n'est pas assez, il faut qu'ē ce beau lieu
L'esprit mesme soit mort enuiron demy-heure,
L'esprit du Dieu viuant ne peut viure en celuy
  Qui vit encore en luy.

VIII.

Cet esprit estant mort dans vn trespas mystique
Pourra-il voir ces trois en cet VN à l'instant?
Non il ne verra rien, mais il sera content,
Car au sein de l'amour estant faict deifique
Il verra clairement que l'intellect finy
  Ne peut voir l'infiny.

IX.

He! que fera-il donc au secret de l'ombrage,
Pasmé, ne voyant rien dans les sainctes splen-
  deurs?
Du Principe eternel, admirant les grandeurs,
Estant aneanty dans ce diuin nuage
Magnifiant le Roy de la celeste Cour
  Son cœur mourra d'amour.

X.

Alors mourant en soy d'vne mort tres-heureuse
Il viura dās cet Estre immēse en ses douceurs,
S'il auoit mille esprits, mille langues & cœurs
Il les employroit tous, dans l'extaze amoureuse
A loüer, à chanter, aymer la Trinité,
  Rauy dans l'vnité.

XI.

Abisme de l'abisme, essence de l'essence,

Lumiere de lumiere, Eternité sans temps,
Immensité sans lieu, qui seul rendez contens
Les esprits qui de vous ont quelque cognoissáce,
Abismez mon esprit en vostre unique paix
    Pour n'en sortir iamais.

CANTIQVE IX.

I.

Mon ame, n'aymons plus les vaines creatures,
Aymons un seul object en ce terrestre lieu,
Mourons d'amour pour Dieu (dont les amours sont pures)
    Puisque seul il est Dieu.

II.

Ie voy trois noms diuins, en eux de grandes choses,
Et par eux dans le Ciel je me sens esleuer,
Adore le ternaire en la cause des causes
    Si Dieu tu veux trouuer.

III.

Ayme tousiours un Estre & non plusieurs essences,
Vn seul Dieu seulement peut ta ioye accomplir,
T'en essence est unique, & tu as trois puissances

SPIRITVELS.
Que Dieu seul peut remplir.

IV.
Fay donc vn certain vuide au fonds de ta na-
ture,
Afin de faire place à l'esprit du Tres-hault,
Sa bonté suplera par sa grace tres pure
A ton humain default.

V.
Ayme le beau ternaire auec tes trois puis-
sances,
Et ces trois facultez elle pourra remplir;
Qu'il est doux (pour aymer l'essence des essences)
Le non-estre hair!

VI.
De toute ta memoire embrasse ton vray pere,
En oubliant la terre & regardant les Cieux,
Seul il sera ton Dieu, ton espoux & ta mere,
Et ton Roy glorieux.

VII.
Si de l'entendement (amoureux) tu contemple
Dans la saincte oraison le verbe Dieu-aymé,
Vn iour cõme vn Soleil tu luiras en son temple,
De sa gloire enflammé.

VIII.
Et si de tout ton cœur le S. Esprit tu aymes
Tu te verras vnie à ce diuin Amant
Qui te fera gouster des delices extremes
Dans le rauissement.

IX.

Donne la portion de l'ame, tres-inthime,
A la simple vnité qui te pasme d'amour;
Et les trois facultez au ternaire sublime
    De la diuine Cour.

X.

O Iesus! qu'est-ce cy? ie sens dedans mon ame
Vn puissant traict d'amour qui me rauit le
    cœur!
C'est l'esprit du Tres-haut qui faict que tu te
    pasme
    Dedans son sein vainqueur.

XI.

Le doigt du S. Esprit heureusement te touche
Pour te donner entree au costé de Iesus:
Mais le Verbe en parlant, au baiser de la bouche
    Rauit tous les Esleuz.

XII.

L'heure n'est pas venuë en laquelle ton ame
Puisse encor arriuer à la bouche de Dieu,
Cecy n'est qu'vne extaze où son amour te pasme
    En vn lieu sur tout lieu.

XIII.

O Seigneur, quel excez! ie voy de belles choses!
Ie voy trois beaux Soleils qui ne sont qu'vn
    seul iour,
Ie voy dans l'vnité ceste cause des causes
    En la forme d'amour.

SPIRITVELS.

XIV.

Ie voy tout ſans rien voir en ma penſee ab-
ſtraicte,
O Dieu, ie ſuis rauy! non ie ne voy rien plus!
La choſe que ie vois eſt tellement parfaicte
  Que ie dis, ô Ieſus!

XV.

Ie ne voy rien du tout, ſi fay ie voy Dieu meſme,
Non ie ne le voy pas, mais ſeulement ſon lieu,
Ie ne ſçay que ie dis en cet excez ſupreſme,
  O Ieſus! ô mon Dieu!

XVI.

Tirez moy donc en vous, (diuine Sapience)
Car de viure ſans vous, ie n'ay pas le pouuoir,
Ou bien me donnez force en ceſte defaillance,
  Si ie ne puis vous voir.

CANTIQVE X.

I.

I'ESCRIS dans vn cachot de la ſaincte
  Triade,
Helas! ie n'y voy goutte, & ne ſçay que ie dis,
Si par hazard Homere a faict ſon Iliade
Pourray-ie ainſi parler du diuin Paradis?
Mais Homere n'auoit qu'vn rayon de nature,

CANTIQVES

Moy de la grace pure.

II.

O beau monde du monde, Essence des essences,
Lumiere de lumiere, & le vray beau du beau,
Pour t'escrire de vous defaillent les puissances,
Deuant vn tel Soleil ne paroist vn flambeau,
Mais Homere escriuoit par art & par science;
Moy par simple ignorance.

III.

Toute chose est comprise en l'essence feconde,
Les trois mondes en son Dieu contient par excez,
Luy qui deuant le monde est luy-mesme son
    monde:
Contient au verbe aymé mille mondes par-
    faicts;
Ie ne dy rien du trois ny de cet VN encore
    Qu'en silence j'adore.

IV.

Ne vous attendez pas, ô Chrestiennes oreilles,
D'ouyr sur ce sujet des concepts eminens,
Sur des objects finis on dit bien des merueilles,
De l'infiny l'on parle en purs rauissemens;
Vous ayant dit qu'il Est, ie ne puis plus escrire,
Ce qu'il est, qui peut dire?

V.

Ie diray bien trois fois & mille fois encore
Qu'il est trois & n'est qu'VN, mais las! ie n'en-
    ten point

De l'oreille du cœur ce beau trois que i'adore,
Ny cet VN dans ce trois, du myſtere le poinct,
Ignorant ce ſecret le Seraphin s'embraze,
  Et moy i'entre en extaze.

VI.

L'Archange entẽd ces trois, cõme vne Creature
Finie peut comprendre vne Diuinité;
Eſtant illuminé de la gloire treſpure
Il voit dans le ternaire vne ſimple vnité;
N'ayant qu'vn doux rayon de la celeſte aurore,
  Dans l'ombre ie l'adore.

VII.

Que ce ternaire eſt beau! l'vnité rauiſſante
Eſt le troiſieſme Ciel, & le vray Paradis;
Si mon ame (y penſant) ſans la voir il contente
Qu'eſt-ce donc de la voir? Ie ne ſçay que ie dis,
Ie ne ſçay que ie fay, chãtez lãgue Angelique)
  Son amoureux Cantique.

VIII.

Le rien parle du tout, quand mon ame eſlancee
Admire cet objet que les Anges rauit;
Dans ce doux Paradis de ma chere penſee
Ie ne ſçay ſi mon cœur ſe paſme, meurt ou vit;
Il meurt de voir ce trois, qui point ne ſe reuele,
  Vit dans l'vnité belle.

IX.

Mais quelle eſt la raiſon qui mon ame ignorãte
Inuite de chanter ce ſuiet glorieux?

Sans doute la voicy, c'est qu'elle n'est contente
De peser à la terre, aux Archāges, aux Cieux,
Simple, aymant mieux mourir en adorant sa
    cause
      Que parler d'autre chose.

X.

Quand on luy dit c'est Dieu! son esprit se re-
    cueille
Pour admirer les traicts de l'estre tout-puissāt!
Disant, ô Trinité! s'augmente la merueille
De l'excez qui la va dans le Ciel rauissant!
Mais disant TROIS en UN! la pauurette
    rauie
      En soy n'a plus de vie.

XI.

O grand Estre des Saincts & des intelligences,
O Pere, dans le sein du beau verbe caché,
Vous causez à l'esprit de telles defaillances
Qu'au mystique tombeau du rien il est couché,
Faictes viure d'amour ceste amante fidelle
      Dans vostre vnité belle.

CANTIQVE XI.

I.

Qv'est-ce dōc que ie voy? qu'elle vision pure!
Ie voy le Createur, en luy la Creature,

Ie voy l'estre & le rien,
Ie voy le rien, en Dieu l'estre qui l'estre pasme,
Si l'vn me faict mourir, l'autre rauit mon ame
Dans son souuerain bien.

II.

Ie voy le neant simple en la nature belle!
Quel prodige! vn neant du neant se reuelle
En moy par le peché:
Mais si sortant de moy i'esleue au Ciel la veüe
Ie voy le Dieu de Dieu, dans vne claire nuë
Le Soleil est caché.

III.

Tirez vn peu le voile, ô gardien celeste;
Afin que comme amour, mon Dieu se manifeste,
Non comme verité:
Ie ne sçay que ie dy, l'amour, la sapience
Auec la verité sont vne mesme essence
Dedans la Trinité.

IV.

He! qu'est-ce que ie voy? ie ne voy nulle chose;
Si fay ie vois vn tout; l'effet ne voit la cause,
Ha! i'ay perdu l'esprit;
He! qui ne le perdroit deuant cet Estre immense
Dans lequel l'Ange trouue en saincte defaillance
La vie en Iesus-Christ.

V.

Ange, chantez pour moy, chantez (diuins
 Archanges)
Ce sublime suiet passe toutes loüanges,
 Pasmant tous les esprits,
Fay que par vn pertuis mon Soleil i'entreuoye
Ou que par son Aurore il me monstre la voye
 Du ternaire incompris.

VI.

Chantez qu'il n'est que gloire & grandeur
 magnifique,
Et moy de son amour chanteray le Cantique
 Rauy dans son seiour;
Mon cœur n'est rien que flamme, & mon esprit
 fidelle
Et ma langue & ma plume est de l'amour vne
 aisle,
 Et ie ne suis qu'amour.

VII.

Mon Dieu n'est rien qu'amour, car le Pere
 amant baise
Le Fils son bien-aymé, l'esprit est la fournaise
 Qui les vient embrazer;
Le baiser de l'amour cet Esprit est encore;
Cet amant, cet aymé, & cet amour i'adore
 Dans l'vnique baiser.

VIII.

Helas! ie meurs d'amour! qu'il me baise & me
 touche

Du baiser rauissant de sa diuine bouche!
  Qui? ie ne peux la voir:
I'entreuois vn obiect qui me pasme à l'ombrage,
Mais ie ne sçay que c'est, ne voyant son visage
  Que dedans vn miroir.

IX.

Les Anges au miroir de ceste Sapience
Voyent tres-clairement ceste diuine essence,
  Et cet V N dans ces trois:
Ouurãt l'œil de mon ame, & de mes trois puis-
  sances
Ie ne puis entreuoir l'essence des essences
  Que par foy ie cognois.

X.

Ce miroir est obscur, mais vn Ange celeste
Dans vn plus beau miroir cet obiect manifeste
  De la Trin'vnité;
Ie blaspheme en disant que ie voy son image,
I'entreuoy seulement le rauissement ombrage
  De la Diuinité.

XI.

Si l'ombrage est si doux, quelle est doncques la
  chose?
Si l'idee est si belle, ô Dieu! quelle est la cause?
  C'est le grand Dieu des Dieux:
Les Anges ne sont Dieu deuant le S. ternaire,
Il est Dieu par nature, ils le sont par mystere
  Dans son sein glorieux.

CANTIQVES XII.

Trois ternaires creez vont chantant dans le monde
Qui le monde crea par sa bonté feconde,
 gloire à la Trinité;
Et le myſtique Echo des Saincts & de Marie,
Reſpond diuinement d'vne voix bien-vnie
 Gloire à ſon vnité.

CANTIQVE XII.

I.

Dans ces doux battemens du cœur qui me pentelle,
Dans ces ſouſpirs de mort où l'amour ſe reuelle,
Dans ces eſlancemens où vole mon eſprit,
I'aſpire à ce trin'vn que i'ayme & que i'adore,
I'expire en l'vnité qui le cœur me deuore
 Pour viure en Ieſus-Chriſt.

II.

Ie ne puis viure ailleurs, de mon cœur le triple angle
Ne peut eſtre remply que par le S. triangle
Treſplein de ſon eſſence en ſon eternité:
He! qui pourroit remplir la Trinité petite
Que ceſte Trinité qui dans ſoy-meſme habite

Et regne en l'unité?

III.

Si i'auois dans mon cœur tous les trois chœurs
    des Anges,
Tout ce rond Vniuers & cent mondes estranges
Mō cœur diroit tousiours, helas! de faim ie meurs;
Ie ne veux que mon Dieu, ceste essence feconde
Qui contient l'Vniuers, luy seul estant son mōde
    Et l'object de nos cœurs.

IV.

Pensez vous que i'aspire à la Trinité pure
Afin de la cognoistre? & quoy? la Creature
Peut elle voir vn trois en la simple vnité?
Ce n'est que pour l'aymer que i'alette & souspire
Et que le cœur me bat & sans cesse respire
    Dans la Diuinité.

V.

Ceste simplicité tend à la Sapience,
Sublime est cet amour, docte ceste ignorance,
Par vn acte amoureux on cognoist l'vnité:
Si Dieu n'est riē qu'amour, l'ame biē amoureuse
En l'aymant cognoistra l'essence tres-heureuse
    De ceste Trinité.

VI.

Comment de ce mystere eustes vous cognoissāce?
(S. Iean) dans le desert, sinon par la puissance
De l'amour qui (dormant) illumina vos yeux?
Comment cognustes vous ceste essence premiere?

Vaisseau d'eslection, qu'en l'ardante lumiere
Qui vous rauist aux Cieux?

VII.

Ie voudrois bien sçauoir (amante nompareille)
Vostre sainct exercice au desert de Marseille,
Qu'est-ce que vous pensiez & la nuict & le
 iour ?
Qui pouuoit contenter vostre ame aneantie
Sans estre par l'amant en l'aymé conuertie
 Dans le sein de l'amour.

VIII.

Vous regardiez tousiours la Trinité parfaicte
Dans la mort de l'amour, dans vne extaze ab-
 straicte
De tout ce qui n'est Dieu, à vous-mesme mou-
 rant :
Desquels yeux lisiez vous dans ce tres-doux
 mystere?
Grãd liure à trois fueillets où cet VN salutaire
 Vous alliez adorant?

IX.

Le voyez vous des yeux de vostre intelligence?
Non, mais de ceux d'amour, la saincte Sapience
Vous faisoit voir sans voir le trois en l'vnité :
Par les Anges sept fois le iour estant rauie
Au chœur des Seraphins vous ne trouuiez
 la vie,
 Mais dans la Trinité.

X.

Vne Croix eſtant miſe en la cauerne auſtere
Par l'Archange Michel, vous voyez le myſtere
Du Paradis de Dieu dedans ce beau miroir,
Vous voyez le Tabor & l'amoureux Caluaire
Et les ſecrets tres-beaux du diuin ſanctuaire
   Où Dieu meſme on peut voir.

XI.

O Croix, liure viuant où l'on lit toutes choſes!
(Lict où l'on voit mourir Dieu la cauſe des causes
Pour faire mourir l'homme à ſoy pour viure en Dieu)
Ie ne ſçay ſi l'eſprit pourra croire à mon dire,
L'eſprit voit en la Croix le trin'vn que i'admire
   Et l'Eſpoux au milieu.

XII.

Dieu ne peut pas ſouffrir, il eſt ſeul impaſſible,
Ieſus-Chriſt homme Dieu s'eſtant rendu paſſible
Pour l'homme en ceſte Croix, (de ſon pere inuité)
Par ſon ſang reforma la Trinité petite,
Vniſſant nos eſprits par ſon diuin merite
   Auec la Trinité.

XIII.

On voit en ce myſtere vne ſeule ſubſtance;
Trois perſonnes regnant en triple ſubſiſtance
Se rencontrent touſiours dans la ſimple vnité:
On voit en l'hōme Dieu trois natures enſemble,

C

Une seule personne, & ce mystere semble
Vne autre Trinité.

CANTIQVE XIII.
I.

A A, A, Ie me meurs, disant, A, ie begâye
Comme vn Prophete Sainct, mais en vain ie m'essaye
De voir la Trinité,
Ie la voy, ie la voy, ie la vois, elle est vne,
Elle n'est deux, mais trois, au sein de verité
Ie voy qu'elle est trin'vne.

II.
Ie la voy dans le Verbe humanisé pour l'hôme,
Ie dors & mon cœur veille, & dans vn diuin somne
Ie voy mon Createur:
Seigneur, à vous benir i'inuite tous les Anges,
Faictes moy de vos nôs l'heureux admirateur
En chantant vos loüanges.

III.
Ie n'ay point de regret de ne pouuoir entendre
Ce secret du secret que seuls peuuent cõprendre
L'Esprit, le Pere & Fils,
Ains ie beny mon Dieu, que sa grãdeur immése
De nul sera iamais comprise en Paradis

SPIRITVELS.

selon son excellence.

IV.

Dieu ne seroit pas Dieu, ny l'hōme Creature
S'il pouuoit mesurer vne immense nature
 Auec l'esprit finy:
C'est la grādeur de Dieu, c'est la gloire de l'ame
Qu'il demeure incompris, dans ce terme infiny
 Où l'Archange se pasme.

V.

Le Pere est eternel, le verbe tout de mesme,
L'esprit est eternel, l'eternité supresme
 Existe en l'vnité:
Ce ne sont pas trois Dieux, trois eternels encore,
Vn Dieu seul eternel regne en la Trinité
 Qu'en mon neant i'adore.

VI.

Qu'est-ce que l'infiny? ie ne sçay, ma pensee
Au vol plus eminent, ne peut estre eslancee
 Iusqu'à ce grand Soleil:
Dictes moy ce que c'est que l'estre sur-celeste
Qui regne en Trinité dans cet vn nompareil;
 Ie vous diray le reste.

VII.

Ie ne sçaurois parler de cet obiect supresme
Sinon qu'en admirāt l'infiny, c'est Dieu mesme,
 Et qui le comprendra?
Le Pere entend le Fils, le Fils entend le Pere,
Le S. Esprit les deux; au Ciel on m'apprendra

Ce rauissant mystere.

VIII.

Tant plus ie pense à l'vn, tant plus ie pense au
    trine;
Et quand moins ie cognois ceste essence diuine
    l'apprens vn grand secret:
Car en ne voyant rien ie commence à cognoistre
Au cachot du neant que ce mystere abstraict
    Est l'estre de mon estre.

IX.

Pensant à ce secret qui contient toutes choses
Ie dis (en m'escriant) à la cause des causes,
    Verbe, prenez mon rien.
Comme au commencement, pour en faire vn
    beau monde;
Si ie suis vn neant à Dieu mon souuerain bien
    En bonté surabonde.

X.

Ie ne suis pas à moy, (Trinité bien-heureuse)
Tout, tout, ie suis à vous, puisque l'ame amou-
    reuse
    Est toute à son aymé.
Ie me donne à l'esprit, le S. Esprit me donne
Au Fils, le Fils au Pere, en amour transformé
    A Dieu ie m'abandonne.

XI.

Quel heur de n'estre rien en l'hõme le rien mesme
Pour estre fait vn tout en ce grãd tout supresme

SPIRITVELS.

Qui de l'homme vn Dieu faict!
Cet homme estant faict Dieu dãs l'vnité sacree
Ayme diuinement de ce trin'vn parfaict
   La substance adoree.

CANTIQVE XIV.

I.

QVE ie suis amoureux de ceste Trinité!
   Ie meurs pour l'vnité;
Imprimez dans mon cœur son diuin caractere
   Par la main de l'amour
Pour adorer en foy le secret du mystere
   Iusqu'à tant qu'il soit iour.

II.

Ie ne voy qu'en la nuict l'esclair resplendissant
   Du trin'vn rauissant;
Iesus, faictes qu'au cœur de cet amant indigne
   Se conserue tousiours
De ceste Trinité le mysterieux signe
   En faueur des amours.

III.

Quelles sainctes amours? des trois qui ne sont
   qu'vn
   Dans le sein du trin'vn:
Quelles pures amours? du Fils auec le Pere,

C iij

CANTIQVES

Du Pere auec le Fils,
De l'esprit amoureux en celuy qui sans mere
S'engendre en Paradis.

IV.
Ie ne veux plus penser qu'en ce mistere heu-
reux,
De luy seul amoureux,
Ie voudrois ressembler la Saincte Vierge Claire
En qui le S. amour
Imprima de ces trois le sacré caractere
En son cœur leur sejour.

V.
Par miracle on trouua, d'vne esgalle grosseur,
De mesme pesanteur
Trois boulettes marquant les qualitez Royalles
De ce diuin trin'vn
Qui dans l'estre contient trois personnes esgalles
Qui toutes ne sont qu'vn.

VI.
O ternaire admirable ! ô grand sans quantité!
O bon sans qualité!
O tres-haut sans mesure ! ô profonds sans
limites!
Plenitude sans lieu!
Solitaire hauteur qui dans toy-mesme habites,
Trois personnes vn Dieu!

VII.
O puissance ineffable ! ô sagesse sans prix!

SPIRITVELS.

Bonté sein des esprits!
Eternité sans temps, infiny sans mesure!
O grand estre incompris!
O vie inconcenable! ô substance trespure!
L'extaze des esprits.

VIII.

Principe sans principe & sans fin ny milieu!
Qu'est-ce là sinon Dieu?
Qu'est ce Dieu? ie ne sçay: la foy dit des mer-
ueilles
De son estre excellent;
Simple estre cōprenant trois personnes pareilles
Qu'il ne va reuelant.

IX.

Qu'ay-ie dit du mystere où l'esprit cognoist bien
Que simple il n'y void rien?
Ie n'ay rien dit de moy, ie n'y voy nulle chose,
Ou si i'en ay parlé,
Au cœur premierement auoit parlé la cause
Me l'ayant reuelé.

X.

A force de parler & penser nuict & iour
Au mystere d'amour
Ie voudrois que mon cœur fust bruslé de la
flamme
De ce diuin Esprit
Pour ces trois imprimer si bien dedans mō ame
Que d'eux elle s'esprit.

CANTIQVES

XI.

Certes i'ayme le Pere & le verbe & l'amour
　　Les voyans nuict & iour;
Non ie ne les voy pas, i'y pense & les adore
　　En mon recueillement,
Ceste pensee est l'œil de l'ame qui encore
　　Ne peut voir son amant.

XII.

I'entreuoy par la foy ce mystere caché
　　Qu'ayant long temps cherché;
I'espere que mon Dieu dans sa claire lumiere
　　Me fera voir vn iour
Au sein de l'vnité, dans la face du Pere
　　Le doux verbe & l'amour.

CANTIQVE XV.

I.

Dans vn Estre sur l'estre, (où s'aneantit l'homme,
Qui n'est pas sur-diuin, mais sur tout ce qu'on nomme
　　En ce langage humain;
Ie ne puis entreuoir au ternaire l'essence,
Dans ce trois personnel la tres-pure substance
　　De mon Roy souuerain.

SPIRITVELS.

II.

O grãdeurs du Tres-haut! ô vanité des hõmes!
Ie suis dedans cet Estre, & tous tant que nous
    sommes
        En luy nous demeurons.
Et si nous ne pouuons aucunement cognoistre
Au ternaire Diuin ceste vie & cet Estre
        Sans lequel nous mourons.

III.

O que i'estois deceu, me croyant quelque chose!
Car estant abismé dans ma diuine cause
        La mesme infinité,
I'ay dit en mon excez, ie suis le neant mesme,
Ie me voy dans le sein de cet Estre supresme
        La mesme vanité.

IV.

O Dieu, que voy-ie là? ie ne voy rien encore,
Si fay? ce n'est pas Dieu qu'en extaze on adore
        Au Palais glorieux?
De l'acte pur & simple on ne voit la substance;
C'est vn hoste du Ciel, ou quelque intelligence
        Qui paroist à mes yeux.

V.

Si lon void quelque chose en faisant ses prieres,
On void la creature à l'ombre des lumieres
        Du verbe rauissant;
Ne voyant l'inuisible, on peut voir quelque
    chose

CANTIQVE.

Côme vn Nonce venant de la part de la cause
Les Anges agissant.

VI.

Qu'est-ce là que ie vois en ce luisant nuage?
Ie voy les pieds de Dieu, mais nõ pas son visage
    Ie vois en vn moment
Trois Soleils au Soleil, ceste mystique veuë
Cause vne sc. horreur au cœur qui dãs la nuë
    Se va tout abismant.

VII.

Ie ne sçais où ie suis, ny qui ie suis encore,
Ie ne sçay que ie fay, tant l'object me deuore
    Sans le voir nullement.
Ie pense que c'est Dieu, ie ne voy pas sa gloire,
Touché de son amour, ie n'ay cœur ny memoire,
    Esprit ny iugement.

VIII.

Ne t'en estonne pas, vne nuict amoureuse
Contemplant en secret l'essence tres-heureuse,
    Au Pere tu donnas
Ta memoire, & au Fils ta simple intelligence,
Ton cœur au S. Esprit, heureuse defaillance
    Qui cause vn sainct trespas!

IX.

Tant plus qu'en l'homme infect, du vieil hom-
    me il demeure
Moins il peut voir son Dieu, sans doute il faut
    qu'il meure

SPIRITVELS.

Pour reuiure au Tres-haut;
Moins de l'homme est en nous, plus de Dieu s'y rencontre,
Quand l'hôme est consommé Dieu luy-mesme se monstre
A l'homme qui defaut.

X.

Mais que void-il en Dieu? la Trinité supresme;
Il void sa gloire pure, il void Dieu dans luy-mesme,
En Dieu tout estant Dieu:
En l'homme aneanty se fait de grandes choses!
L'effet est transformé par la cause des causes
En Dieu mesme en ce lieu.

XI.

Il est faict en l'amour un Dieu par la victoire
Acquise par Iesus, & dans le Ciel par gloire
Est faict semblable à ceux
Qui chãtent sans cesser ses tres-douces loüãges:
Aymãs la Trinité nous serõs faicts des Anges:
Et puis des petits Dieux.

XII.

Il y a dans le Ciel trois esgalles puiss̄nces,
Trois persōnes, trois nōs, & nō pas trois essences,
Qui chantent tout le iour
Leur S^e & propre gloire en l'essence eternelle;
Entendez par le iour, le verbe qui reuele
Et le Pere & l'amour.

C vj

VOL D'ESPRIT.

CANTIQVE XVI.

I.

I'Ay tout veu sans rien voir, ô que i'ay veu
  de choses!
Des yeux que m'a donné ceste cause des causes
  Qu'on ne void de nos yeux:
I'ay veu l'estre de l'estre, vne essence premiere,
I'ay veu le Dieu de Dieu, lumiere de lumiere.
  Dans vn char glorieux.

II.

Le voyant sans le voir i'auois l'ame rauie,
I'ay veu dans cet excez la vie dans la vie,
  I'ay veu dedans les Cieux
Ce qu'on ne peut penser, encores moins escrire,
I'ayme mieux l'adorer en esprit que de dire
  Ce qui n'est veu des yeux.

III.

I'ay veu l'amour, la gloire auec la Sapience,
Le premier intellect de toute intelligence,
  L'object trine & caché
Ce qui n'a point de nom, celuy qui n'a point
  d'estre,
De vie & d'intellect que noº puissiõs cognoistre

SPIRITVELS.

En ce corps de peché!

IV.

I'ay veu le S. amour, la sagesse & puissance
Qui sous trois noms divers sont une mesme es-
sence,
I'ay veu le trois fois Grand,
Ne voyant rien du tout qui soit nommé visible,
O miracle du Ciel! i'ay veu l'estre invisible
Que l'estre ne comprend.

V.

I'ay veu ce qui n'est point enclos dãs la memoire
Ny compris de l'esprit, estant si plein de gloire
Que le cœur en l'aymant
Pense ne l'aymer point, en qui l'ame rauie
Rencontre tant d'amour & de ioye & de vie
Qu'elle meurt doucement.

VI.

I'ay veu le beau du beau, la flãme de la flãme,
Le pur acte d'amour & l'ame de mon ame,
Et mon vray Paradis:
I'ay veu la verité, l'amour, la Sapience,
La Iustice, la gloire, & la magnificence,
Et plus que ie ne dis.

VII.

Dans un nuage espais, tout remply de mystere
I'ay veu dans mes excez le glorieux Ternaire
Tout plein de Maiesté,
Ie l'ay veu sans le voir, il est inaccessible,

Dans les trois i'entreuy d'vn œil intelligible
La tres-simple vnité.
VIII.
Voyant ces trois Soleils dans la mistique nüe,
Ie ne veux plus auoir (disois ie) ame ny veüe
Pour voir le temps & lieu,
Car estant esleuee en extaze si belle
Tant de gloire & d'amour à mō cœur se reuelle
Que ie pense voir Dieu.
IX.
Les Anges qui voyoient en visions plus claires
Les misteres du Ciel & le Dieu des misteres
Chantoient Sainct, par trois fois:
Ie m'efforçois en vain de chanter ses merueilles,
Pour entēdre leurs chāts ayāt bien des oreilles,
Ie n'auois point de voix.
X.
En ce lieu sur tout lieu, ceste terre nouuelle,
Ce Ciel, ce monde heureux que l'aigneau re-
nouuelle
Au regard de ses yeux,
On perd le sentiment, l'esprit & la memoire,
On ne sçauroit penser qu'au vray Dieu de la
gloire
Dans l'excez glorieux.
XI.
Voila ce que i'ay veu, i'ay veu toutes ces choses
Auec les yeux de Dieu, ceste cause des causes
Les miens ayant rauis:

SPIRITVELS.

I'ay veu (sans voir mon Dieu) tant de Dieu,
 tant de vie
Qu'estant mon ame encore à ceste heure rauie,
  Ie meurs & si ie vis.

XII.

Las! ie meurs, en mō estre & vis dās ceste Essēce
Laquelle, ayant trois noms d'vne esgalle puissance,
  Sagesse & volonté,
Pour me rauir au Ciel me tira de moy-mesme,
Reuelant à mon cœur ce ternaire supresme
  Où regne l'vnité.

CANTIQVE XVII.
I.

Qve vois tu dans ce vol ? plus que dix mille
 mondes,
Sous trois noms est cachee vne Diuinité;
Trois personnes i'y voy, dōt les deux sōt fecōdes,
La troisiesme est l'amour beau sein de l'vnité.

II.

Trois mōdes tº parfaicts, ie voy dās ce ternaire,
Trois chœurs intelligens & tous les SS. encor,
Les Anges & les SS. sont en Dieu par mystere,
Il regne par essence en son grand throsne d'or.

III.

Dedans la Trinité i'y voy toutes les choses
Qui sont & qui serōt & sōt mesme en pouuoir,

Que les effects sont beaux en la cause des causes!
Et tout cela se void dans le diuin miroir.

IV.

Ce miroir est le Verbe où mon ame se mire,
Se mirant elle admire, admirant ne faict plus
Qu'aspirer à celuy que seul elle desire
Disant sans fin ie meurs pour l'amour de Iesus.

V.

Elle languit tousiours dans son costé fidelle
D'vn mal dont volontiers son cœur s'en va
    mourant
Iusqu'à tant que l'amour la Trinité reuelle
Qui va dans l'vnité mon ame enamourant.

VI.

Ie meurs de ne mourir pour voir ceste Triade
Qui faict viure d'amour ceux-là qui en sont
    morts,
Faictes (mon doux Iesus) que i'en sois si malade
Que l'ame en son accez puisse sortir du corps.

VII.

Il n'y a que l'amour qui Dieu nous manifeste,
Ces trois dedãs cet VN faisant voir à nos yeux,
Il tire du Sancta, ce grand rideau celeste
Qui nous cache de Dieu l'aspect tout glorieux.

VIII.

Venez (ô S. Esprit) entrez dedans mon ame
Et l'ombre du Soleil venez me reueler,
A l'odeur de l'espoux la pauurette se pasme,

Elle court, elle chante, elle voudroit voler.

IX.

O prodige amoureux! aduantures nouuelles!
Elle est faicte Colombe au costé de Iesus;
Helas! qui veit iamais de Colombe sans aisles?
Ayant trouué l'espoux elle ne vole plus,

X.

Si faict, voyez vn peu comme elle vole encore
Dans le cœur de Iesus (beau monde illimité)
De son humanité (qu'en ce verbe elle adore)
Elle s'enuole au sein de la Diuinité.

XI.

Qui auroit de bons yeux pour y voir les merueilles
Qu'elle voit en ce lieu! (si lieu se peut nommer)
On n'y souhaitte point des yeux ny des oreilles
Mais seulemẽt vn cœur pour Iesus bien-aymer.

XII.

Elle voit en Iesus, vne terre feconde
En laict, en miel, en manne en son humanité,
Elle void en Iesus vn Ciel, vn nouueau monde
Dans le sein precieux de sa Diuinité.

XIII.

Ne sçachant où elle est, pour le monde estant morte,
Elle approche du poinct de voler dans les Cieux,
Car ouuerte voyant, du Paradis la porte
Son esprit est rauy dans vn lieu glorieux.

XIV.

Iesus Christ luy faict voir tãt de magnificẽces,
Tant d'amours & de gloire en ce sacré sejour
Qu'elle void en son cœur l'essence des essences
Non pas des yeux du corps, mais de ceux de l'a-
  mour.

XV.

Le beau cœur de Iesus est le sejour supresme
De l'ame qui demeure en repos en ce lieu,
La volonté diuine est le Paradis mesme,
Où peut on estre mieux que d'estre au cœur de
  Dieu?

XVI.

C'est le troisiesme Ciel où l'amour nous reuelle,
Et le Pere & le Fils auec le S. Esprit
Le mistique Lyban d'où l'Espouse il appelle.
Pour reprendre son vol au sein de Iesus-Christ.

XVII.

Appellez moy (Seigneur) à ces amours trespurs,
Cent modes ne sont rien pour mõ amē sãs vous,
La Trinité vaut mieux que toutes Creatures,
Au milieu de laquelle est mon diuin Espoux.

XVIII.

Ces trois en vnité regnent si bien ensemble
Que mõ cœur meurt d'amour de les biẽ adorer,
Silence (mon Esprit) ie les voy (ce me semble)
Pour leur gloire en Iesus ie veux bien expirer.

CANTIQUE XVIII.

I.

Tout ce qu'on ne void point & qu'on ne sent encore,
Ce qu'ō ne void en terre, & qu'au Ciel on adore
Où l'on void l'vn aux trois, dãs le diuin miroir,
C'est l'obiect que ie veux, que ie crains, & que i'ayme,
L'amour passe la crainte, en sō excez supresme
Las! ie meurs sans le voir.

II.

Quand ie pense long temps à ces tres-hauts mysteres,
De la gloire du Ciel les sacrez caracteres
S'imprimēt tellement dãs mon cœur amoureux
Que ne pouuant encor voir l'vnité parfaicte
En voyãt la seule ombre en ma pensee abstraite
Mon esprit est heureux.

III.

Si ce n'estoit que Dieu (la verité premiere)
A dit qu'en ce cachot on ne void sa lumiere
Ie croirois dés ce monde auoir le Paradis;
Ie dy l'auoir non voir; ô pauure ame insensee,
Estant au cœur de Dieu par amour eslancee,
Tu ne sçais que tu dis!

IV.

Qui ne perdroit le sens, l'esprit & la memoire
De penser à l'amour, à la ioye, à la gloire
    Du vray Dieu de nos cœurs & du Roy des
        amours?
Ie veux tousiours penser à ceste heureuse vie
Pour auoir en mon Dieu tousiours l'ame rauie
    Et les nuicts & les iours.

V.

Le Soleil du Soleil faict les iours de mon ame,
Ie cherche dans les nuicts ce trin'vn qui me
    pasme,
Vn seul est mon Amour, mon Paradis, mon
    Dieu!
Mais dans son vnité (qui rend l'ame si belle)
Vn rauissant ternaire à mon cœur se reuelle
    Dans vn lieu sur tout lieu.

VI.

L'vn comprend le ternaire & ce nombre sans
    nombre
Ne peut estre cōpris ny entreueu qu'à l'ombre,
Mon esprit ne voit pas son estre, mais son lieu:
I'adore l'inuisible en l'amoureux silence,
Et i'admire ces trois qui dans l'vnique essence
    Sont ma gloire & mon Dieu.

VII.

A peine vn Cherubin pourroit aux ames dire
Les extazes qu'il a dans le celeste empire

Y voyant de ses yeux la belle Trinité:
Las! ie meurs de desir de pouuoir faire entendre
La ioye qu'a mon cœur de ne pouuoir com-
   prendre
   Ceste Trin'vnité.

VIII.

La voir & la comprendre, ô certes c'est la vie
Et de l'intelligence & de l'ame rauie,
Mais né la voyãt pas, voir qu'on ne la peut voir
C'est vn poinct tres secret, tres-doux & salu-
   taire,
(Mon cœur) de reueler ce rauissant, mistere
   Tu n'as pas le pouuoir.

IX.

Voir l'estre dedãs l'estre, & l'essence en l'essence)
La vie & l'intellect dedans l'intelligence,
La flame en la lumiere, & le tout sur tout lieu;
Qu'est-ce là? ie ne sçay, l'homme ne le peut dire.
L'Ange le regardant, incessamment admire
   Dieu dans le mesme Dieu.

X.

Le Pere dans le Fils, & le Fils dans le Pere,
Le S. Esprit aux deux; ô hauteur solitaire
Des trois qui sont en eux, gloire, amour, vnité!
I'ayme en mon ame vnique auec ses trois puis-
   sances
Trois amans non trois Dieux, trois noms non
   trois essences

En ceste Trinité.

XI.

Le Pere a faict le monde auec ces deux encore
Que dedans l'vnité l'ame fidelle adore:
Les trois ont deliuré les hommes du peché:
Mais vn seul Iesus Christ, (la seconde personne)
S'est incarné pour nous, par luy seul ie me dône
    Au ternaire caché.

XII.

Pour trouuer l'vnité ie cherche le ternaire,
Pour trouuer le trin' vn, vn seul m'est necessaire
C'est le doux Iesus-Christ mõ chemin precieux;
I'entre par son costé dans le sein de la vie,
Si dedans ceste porte est mon ame rauie
    Que sera-elle aux Cieux?

CANTIQVE XIX.

I.

SAns voir la Trinité ie l'ayme & ie l'ad-
   mire,
Et tant moins ie la voy tant plus ie la desire,
Trop heureux en l'aymant ie meurs en ce se-
   jour:
Mon ame ayme le traict & l'Archer qui me
   tuë,
Sa ioye est de penser qu'en son heureuse veüe

Elle vivra d'amour.

II.

Chere ame, aymes tu Dieu? cõsole toy (pauurette)
Ce grand Roy glorieux, de son essence abstraicte
Remplit le Ciel, la terre & les Anges rauis;
Il demeure auec nous par sa grace amoureuse,
L'amante de Iesus est presque bien-heureuse
En ce sacré Paruis.

III.

D'vn seul & simple obiect l'ame vnique est charmee:
Mais elle en cherche trois dans l'vnité pasmee,
Amoureuse du beau, de l'estre & de l'amour;
Le Pere est la beauté; le beau le verbe vnique,
L'amour le S. Esprit qui rend l'ame extatique
Dans l'amoureux seiou.

IV.

Silence (ma chere ame) adore en defaillance
Ce grãd Dieu qui trin' vn est vne simple essence!
La S. Trinité est en ce mesme lieu,
Elle emplit toute chose, & ceste plenitude
Et de l'homme & de l'Ange est la beatitude,
Ce ternaire est mon Dieu.

V.

Mais ie ne le voy pas; si fay dans la prunelle
Où cet acte tres-pur, purement se reuelle;
Quoy, dãs l'œil de la foy? il est vray, mais de plus
Dieu se fait voir à l'ame au mont de la priere

luy faisant entreuoir sa flamme en la lumiere,
Et le Pere en Iesus.

VI.

On n'en voit deux sans trois, ny trois sans l'vn
encore,
Dans les trois nous croyons vn seul Dieu que
i'adore,
Que i'admire en silēce, & que ie voy sans voir;
Vn iour il influa des yeux dedans mon ame
Par lesquels i'entreuoy c'est object qui me
pasme,
Dans vn tres-beau miroir.

VII.

Anges, qui clairement voyez ceste substance,
Voyez vous pas en Dieu, de Dieu toute l'essence?
Sãs doute, au sein du Verbe, & non totalemēt:
Voici de son amour vn estrange mistere!
Ne voyant rien du tout ie voy mon salutaire,
Bien moins aimé qu'amant.

VIII.

Ie sçay que ce grand tout tient le Ciel en extaze
Pour vne eternité, tout le cœur il m'embraze
D'amour vne estincelle enuoiant en ce lieu:
O prodige excellent! si ie pouuois bien dire
Les ombres des beautez qu'ē mō excez i'admire
On aimeroit mon Dieu.

IX.

O sainĉte Trinité, tres-belle & tres-puissante,
Tres-

SPIRITVELS.

Tres-pure, tres-aymable & douce & rauis-
 sante,
Transportez ma pauure ame au sein de l'v-
 nité,
Ne luy permettez pas de cherir autre chose,
C'est l'enfer des esprits, en mesprisant leur cause
 D'aymer la vanité.

X.

Ie donne à Dieu mon ame, au Pere la memoire,
Au Fils l'entendement, & à l'esprit de gloire
Ie consacre mon cœur, mes sens, ma liberté:
Qu'est-ce que Paradis? la Trinité feconde;
Qu'est-ce que Paradis? c'est faire des ce monde
 De Dieu la volonté.

XI.

Mon Dieu mon Paradis, tout à vous ie me
 donne,
Trinité glorieuse, à vous ie m'abandonne,
Souueraine vnité, ie n'ayme rien que vous:
Qu'heureuse est la belle ame en voyant vostre
 essence
Puisque pour vostre amour, en la fidelle ab-
 sence
 Le mourir m'est si doux!

CANTIQVE XX.

I.

ACTE tres-pur, simple & diuine Essence
Qui dãs vous-mesme en parfaicte existẽce
Regnez heureuse en vostre eternité,
Abismez moy tellement au ternaire
Que mon esprit d'vn acte salutaire
Adore en foy vostre belle vnité.

II.

Ie suis creé pour chanter vostre gloire,
Mon ame est vostre, au Pere est la memoire,
Au Fils l'Esprit, au S. Esprit le cœur:
Comme au Midy se va fixant l'esguille,
Ainsi (mon Dieu) mon esprit n'est tranquille
Qu'en vostre sein terme de sa langueur.

III.

Trois noms diuins, & non pas trois essences,
Trois vnitez pasment mes trois puissances,
Mais vn seul Dieu cause ceste vnion,
Dire vn ou trois c'est vne mesme chose,
Tous les effects prouiennent d'vne cause
Qui l'effet tire à sa perfection.

IV.

L'esprit finy ne peut en sa pensée

SPIRITVELS.

Au vol plus hault dans le Ciel eslancee
Voir l'vnité du Pere, Esprit & Fils:
Donnez vn nom à ceste vnité belle:
L'Ange ne peut, le Verbe me reuelle
Que c'est de Dieu le mesme Paradis.

V.

Au Sacrement la belle ame est vnie
Par viue foy, par amour à sa vie,
Et par le verbe du mesme Iesus-Christ:
I'ignore icy le moyen salutaire
Qui en secret accomplit ce mystere,
Le seul penser transporte mon esprit.

VI.

Perdons le sens, l'esprit & l'ame encore
Dans ce secret d'amour qui me deuore:
La Trinité par grace vient en nous
Au Sacrement, & mesme en la priere;
On n'y void pas Dieu mesme en sa lumiere,
Mais le ternaire à l'ombre de l'Espoux

VII.

Vn signe heureux de la verité belle
A l'œil du cœur icy Dieu me reuelle:
Helas! que vois-ie en ce petit brouillats?
Ie ne vois rien & i'y voy toute chose,
I'y voy trois noms, & la cause en la cause,
Au milieu d'eux, l'espoux me tend les bras.

VIII.

Des trois parfaicts, la seconde personne

Pour me gaigner, à moy-mesme se donne,
Il m'offre au Pere & le Pere à l'esprit,
L'Esprit au Fils, le Fils au Pere encore:
Ce pur amour est la diuine Aurore
Qui me fait voir mon Soleil Iesus Christ.

IX.

Ie l'entreuoy dans ce sacré nuage,
Ie voy ses pieds & non pas son visage,
Ie voy son cœur ouuert pour tous les cœurs
Heureux celuy qui par amour le touche!
Des pieds au cœur & du cœur à la bouche
Ie cours sans cesse en mes sainctes langueurs.

X.

Si dans le monde vn seul pain necessaire
Se retrouuoit, aux hommes salutaire,
Pour leur seruir de vie & d'aliment,
Et iour & nuict ils y courroient sans cesse
Pour euiter la redoutable oppresse
Qui tireroit leurs corps au monument.

XI.

Le Dieu viuant est le vray pain de l'ame,
Sans ce doux pain dans la mort elle pasme,
Estant sa vie en l'vn & l'autre lieu:
Courrons sans fin vers ce Dieu de la vie,
Nous nourrissant il rend l'ame rauie,
Tout est pour l'homme & l'homme est fait pour
 Dieu.

SPIRITVELS.
XII.

Tout aliment mangé change de forme,
En la substance humaine il se transforme:
Mangeant le pain de la Diuinité,
En Dieu si bien la Trinité nous change
Que l'homme est faict vn Dieu (non pas vn Ange)
Viuant heureux au sein de l'vnité.

CANTIQVE XXI.

I.

Très-claire obscurité, pure & diuine Aurore
Ains Soleil du Soleil (confus) ie vous adore
Dans ce cachot reclus:
Solitaire hauteur & tres-profond silence;
Ie vous veux adorer en saincte defaillance
Et ie ne veux rien plus.

II.

Estant vn seulement, vous n'estes solitaire,
Estant vn par essence & trois par le mystere,
(Vous ayant bien cherché)
Ie dis en mon excez, quoy l'esprit Angelique
Peut-il voir dãs le Ciel ce grãd Roy magnifique
En luy-mesme caché?

D iij

III.

Il ne peut voir de soy ceste essence premiere,
Ainsi que le Soleil n'est veu sans sa lumiere
    Illuminant nos yeux:
Dieu n'est veu vrayemēt que par sō œil supresme,
Mais l'homme estant fait Dieu, l'homme void en Dieu mesme
    Son object glorieux.

IV.

Dedans ceste vnion, ô que l'ame est heureuse!
De la belle vnité la pauurette amoureuse
    N'a repos nuict & iour;
Toutes choses sās Dieu luy sōt objects funebres,
Les rayons du Soleil luy semblent des tenebres
    Sans l'astre de l'amour.

V.

I'ayme les champs, les monts, les bois, & les collines,
Les Archāges, les Cieux & les œuures diuines
    Du ternaire vnissant:
Au sein du beau du beau, trouuant belles ces choses,
Ie ne les puis aimer qu'en la cause des causes,
    Mon ame rauissant.

VI.

Contemplant l'vnité dans vn lieu solitaire,
Elle rauit d'amour mon cœur qui se veut plaire
    En elle seulement:
Dans son grād sein fecōd i'entreuoy d'vne veüe

SPIRITVELS.

Trois personnes, vn Dieu, & i'adore en la nuë
L'amour, l'aymé, l'amant.

VII.

Le Pere ayme le Fils d'vn amour magnifique,
Le Fils ayme le Pere, & l'esprit deïfique
   Les ayme infiniment:
Ceste amour du Tres-haut est si simple & par-
   faicte
Qu'elle est mesme ignoree en la pësee abstraicte
   Du pur entendement.

III.

Dieu se voit cõme Dieu, s'ētēd cõme Dieu mesme,
Se souuiēt cõme Dieu, d'vn S. amour supresme:
   Seul luy-mesme s'aymant.
Cet amoureux concept, ou notion sublime,
L'estre & l'amour de Dieu ne declare & n'ex-
   prime
   Que tres-obscurement.

IX.

Escriuant que Dieu vit, qu'il s'ayme & qu'il
   repose
En son sein bien-heureux, ne disant nulle chose,
   Ce qu'il n'est pas, ie dis:
Dans les ombres cõment en pourrois-ie rien dire
Que l'Ange le voyant face à face l'admire
   Au iour du Paradis?

X.

Mon Dieu, pardonnez moy ceste douce pensee,

Quand mon ame est en vous sainctement es-
lancee
    Dans ses vols rauissans,
Si lors de vos grandeurs ie ne voy pas la gloire
Ie sens ie ne sçay quoy qui m'oste la memoire,
    Le cœur & tous les sens.

XI.

Ie ne sçay pas que c'est, mais dans ceste igno-
rance
Ie gouste sans rien voir, de vostre sapience
    L'amoureuse liqueur.
Qui pour quelques momens feroit douter à
l'ame
Si l'Ange en Paradis dauantage se pasme,
    Sans ma saincte langueur.

XII.

Au celeste Orient on ne void plus de pluye;
Car le diuin Soleil les pleurs de l'ame essuye
    Par ses rayons puissans.
Mais dans le Ciel, pasmee, enuiron demy-
heure,
Elle dit en l'excez, Seigneur fay que ie meure
    En tes bras rauissans.

CANTIQVE XXI.

I.

Trois sont dedans le Ciel (qui sont l'unité mesme)
Le vray beau, la beauté auec l'amour supresme
Qui se vont bien aymans;
Ie ne sçay qui des trois se cherit dauantage?
(L'Archāge le void bien) si fay, dās vn nuage
Ie voy ces trois amans.

II.

Leur amour est esgal, comme leur beauté pure;
Le beau & la beauté tousiours fleurit & dure
(Printemps d'eternité)
Le beau considerant la belle Sapience
Espris de sa beauté, vne amoureuse essence
Produit en vnité.

III.

La beauté de ces trois est tellement parfaite
Qu'elle est de l'intellect absolument abstraite
Comme leur bel amour:
Qui peut comprendre Dieu comprendra ce ternaire,
Le secret du secret, mystere du mystere
De la celeste Cour.

IV.

Si l'esprit amoureux veut cherir quelque chose
Qu'il quitte les effets, pour aymer ceste cause
    Dont Dieu mesme est l'amant:
Si l'homme est animal il sera faict vn Ange,
Nõ, il sera faict Dieu par amour (chose estrãge)
    En luy le transformant.

V.

Aymant terre ou est terre, aymãt le Ciel encore
Vne ame est faicte vn Ciel, aymant Dieu que i'adore
    Nous serons faicts des Dieux;
Si Dieu ne l'auoit dit ie n'oserois l'escrire
Ny penser sans horreur, le faire que le dire
    Est bien plus glorieux.

VI.

L'amant à son object est rendu tout semblable,
O que du S. amour l'effet est admirable
    En ce terrestre lieu!
L'amoureux de Iesus s'efforçant de luy plaire
Ne vid plus en ce monde vne vie ordinaire
    Mais il vid comme Dieu.

VII.

Il vit en Dieu, pour Dieu, de Dieu comme les Anges,
Il chante nuict & iour ses diuines loüanges
    Au sein de l'vnité;
Contẽplant le trin'vn auec ses trois puissances
Il adore sans fin l'essence des essences

SPIRITVELS.

Dans la trin'vnité.

VIII.

Il ne void rien de beau que le verbe supresme,
Il n'ayme autre beauté que ceste beauté mesme
  Tous les Saincts rauissans;
Vnique est son amour, comme sa cause aymee,
Et sa belle ame estant en son Dieu transformee
  Il est hors de ses sens.

IX.

Il ne sçait ce qu'il dit ny ce qu'il fait encore,
Il n'est plus à soy-mesme & cet amour deuore
  Tellement son esprit.
Que mourāt en ce mõde à to⁹ ses vains suplices,
Et viuant à son Dieu, ne trouue ses delices
  Qu'au sein de Iesus-Christ.

X.

Le monde est vn desert pour l'ame sitibunde
Et le sein de Iesus est le monde du monde
  Qui la rauit tousiours,
Elle ne veut que Dieu son amour & sa gloire,
Estant en sa presence elle perd la memoire
  Des mondaines amours.

XI.

Son cœur qui languissant en son excez s'eslance
Dans le cœur de Iesus (paradis du silence)
  Recherche l'vnité;
Elle veut biē mourir à ce qui n'est Dieu mesme
Pour viure bien-heureuse en la gloire supresme
  De ceste Trinité.

CANTIQVE XXIII.

I.

Abismé dans le sein de la Diuinité,
Dans l'occulte secret de ceste Trinité
Où ie cherche à tastons l'vnité bien-heureuse;
Pensant voir en ce lieu la lumiere & le iour
Ie voy dans vn broüillats vne flamme amou-
  reuse
    Par les yeux de l'amour.

II.

Celuy qui sur le cœur de Iesus fut couché
Au mystique repas, dit que le Dieu caché
N'est rien que charité qui dans l'amour de-
  meure:
Ie ne le cherche plus dans vn lumineux lieu,
Mais rauy dans le Ciel pour vne demy-heure
    Ie le voy dans le feu.

III.

Ie le voy sans le voir, car ce feu consommant
En son object aymé change si bien l'amant
Que l'intellect mourant, la volonté prend vie;
Et dans l'estre viuant qui nous fait viure tous,
La tirant de ses sens il rend l'ame rauie.
    Au Paradis tres-doux.

SPIRITVELS.

IV.

Ie ne sçay que i'ay dit ; le voyant peu à peu
Dans ce diuin brouillats, ie ne voy point de feu,
De rayōs ny d'amours, d'esclairs, ny de lumiere;
I'entreuoy seulement le glorieux sejour
Et le lieu rauissant de l'essence premiere
 A l'ombre de l'amour.

V.

Le ternaire parfait (beau nombre illimité)
Nombre non pas du temps mais de l'eternité,
Paroist aux yeux secrets de mon intelligence
Au cachot plus caché de ce brouillats diuin
Dans lequel mon esprit en extaze s'eslance
 Auec le Seraphin.

VI.

Ce bel Ange void bien qu'en ceste Trinité
Il y a trois beaux noms dans la simple vnité
Qui pasme au verbe aymé tous les Saincts &
 les Anges;
Et ie voy seulement dans ce tres-pur miroir
Qu'indigne de chanter l'hymne de ses loüages
 Ie ne sçaurois la voir.

VII.

Quel est doncques cet Estre? il est sur tout estāt,
Quel est ce beau du beau que mon cœur aymé
 tant?
Quelle est donc ceste vie & cet amour &
 gloire?

C'est celuy dont à peine on entreuoit le lieu,
L'extaze de l'esprit, du cœur, de la memoire,
En vn mot c'est mon Dieu.

VIII.

Le grand desir que i'ay de le voir de mes yeux
Pourroit il surpasser cet amour glorieux
Causé du doux excez de sa grandeur supresme?
I'ay bien quelque douleur en ne le voyant pas,
Mais son estre incompris de mon essence mesme
Me cause vn sainct trespas.

IX.

Ie suis seul sans mon Roy, ne pouuant seulement
Sans sa grace exister vn seul petit moment,
Mais i'espere de voir vn iour mon salutaire:
Ie me pasme de ioye, & ie me meurs d'amour
Croyant qu'il n'est pas seul au sejour solitaire
De sa diuine Cour.

X.

Il est vn par essence, & par mystere trois,
Tel par l'œil de la foy ie voy ce Roy des Rois;
De mes trois facultez son vnité i'admire!
O desert sociable! ô beau lieu sur tout lieu!
O grand sein de la gloire où l'Archange respire!
O Paradis de Dieu!

XI.

Silence (mon esprit) ces trois chantent aux Cieux
De la Trin'unité le motet glorieux!
Les Anges sont rauis de si douce harmonie,
Les Saincts en sont pasmez ; adorons en esprit
Dans ces trois infinis vne essence infinie
  Au sein de Iesus Christ.

VOL D'ESPRIT.

CANTIQVE XXIV.

I.

A Mon retour du Ciel où i'ay veu tant de choses
Dans le sein rauissant de la cause des causes
  Dieu mon souuerain bien,
I'ay veu tout de ces yeux que m'a presté Dieu mesme,
I'ay tout veu sans rien voir en l'extaze supresme,
Ainsi ie vous dit tout en ne vous disant rien.

II.

Au vol de mon esprit, mon ame estoit guindee
Sur tous les Cieux des Cieux, en sa plus haute idee
  Dans vn lieu sur tout lieu;

Ie vis en trois momens dans l'essence tres-claire
Trois rayōs tout pareils, & dās ce grād mistere
Sās riē voir ie vy tout aux cachots de mō Dieu.

III.

Ie vy bien qu'il s'alloit manifestant à l'heure
A l'ardant Seraphin qui au midy demeure,
 Mais ce Soleil brulant
De ses brillans rayons esbloüissant mon ame,
Au lieu de regarder le verbe, elle se pasme
Dans son sein qu'aux mortels il ne va revelant.

IV.

Vn crayon lumineux paroissant à ma veüe,
Plus i'esleuoy les yeux dessus la voulte bleüe
 Plus i'admirois ce lieu;
Entrevoyant vn peu dans les beaux tabernacles
De ceste Trinité les amoureux spectacles
En cet extaze heureux ie pensois voir mō Dieu.

V.

Et ne pouuant rien voir, de l'essence premiere
Au cœur rejalissant vn esclat de lumiere
 Ie tressaillis d'amour:
Cessez (dis-ie) cessez (beau Soleil de mon ame)
Cessez de me brusler de vostre saincte flamme
Car ie ne vous puis voir iusqu'a tant qu'il
 soit iour.

VI.

O qu'est-ce que ie voy! i'en voy trois (ce me
 semble
Qui sont si bien vnis p'vn pur amour
    ensemble

Qu'ils semblent n'estre qu'vn:
Ce sont trois beaux Soleils qui ne sont qu'vne essence,
Vne mesme nature, vne esgalle puissance,
Lumiere de lumiere, & le Soleil trin'vn.

VII.

Regardant ces Soleils au milieu d'vn nuage
Ie voy tant de clartez en ce diuin ombrage
Et tant de Maiesté
Que ie ne sçay que c'est que cet object supresme
Qui mon ame rauit si ce n'est mon Dieu mesme
Qui dans les trois demeure en sa simplicité.

VIII.

O prodige excellent que i'admire & i'adore!
Ie voy bien que c'est Dieu, sans discerner encore
L'Esprit, le Pere & Fils,
Ie les vois sans les voir en saincte defaillance
Par les yeux de la foy, non de l'intelligence
Qui cognoist ce mystere au sein du Paradis.

IX.

Bien-heureux est l'esprit qui sera de ce nombre,
Là se void le Soleil, icy nous voyons l'ombre
De cesté Trinité:
La croyant de foy viue assez heureux nous sommes,
On void Dieu dans le Ciel, en la terre des hommes,
Le mensonge icy bas, là haut la verité.

X.

Mon cœur languit d'amour pour la verité belle,
Pour ceste Trinité qui (simple) se reuelle
   Icy dans vn miroir:
Par mille eslancemens & mille & mille encore
Ie vole dans le Ciel où le trin'vn i'adore,
Pour luy ie meurs d'amour & ie vy dans l'es-
   poir.

XI.

O doux verbe incarné, faictes moy voir la face
Du Pere glorieux dans la tres-pure glace
   De vostre humanité:
Du tabernacle sainct, tirez en fin le voile
Afin que mon esprit, comme vne belle estoille
S'vnisse au firmament de sa simple vnité.

CANTIQVE XXV.
I.

ACTE tres-simple & pur, essence tres-
   abstraicte,
Sublimité cachee & plus que tres-secrette
   Solitaire hauteur,
Abisme de lumiere, ô Dieu ie vous adore,
Confus ie vous admire; ô mon doux Createur,
   Dés le poinct de l'aurore.

SPIRITVELS.

II.

Seigneur, ie veux auoir de vous la cognoissance
Par l'œil mysterieux de la simple ignorance
   Qui void qu'il ne void pas:
Dans cet estre abissal penser voir quelque chose
C'est dire qu'on peut voir dans vn espais brouïl-
   lats
   Des lumieres la cause.

III.

Si nous ne pouuons voir vn seul estre de l'estre,
En vn trois vnitez pourrions nous bië cognaistre
   (Sur l'estre, temps & lieu?)
Si l'homme n'a de l'homme entiere cognoissance
Et comme pourroit il apprehender de Dieu
   La trin' vnique essence?

IV.

Le Seraphin auquel son essence il reuelle
Se couure par respect la face de son aisle,
   Adorant ses grandeurs
Admirez ce secret, aucun des Anges n'ose
S'eslancer dans l'esclat de ses sainctes splēdeurs
   Sans l'attraict de sa cause.

V.

Acte tres-rauissant, pure essence premiere,
Icy ie ne veux pas regarder la lumiere
   Du Soleil de vos yeux:
L'adorant en esprit i'esleue ma prunelle
Au celeste cachot où l'amour precieux

De mon Dieu se reuelle.

VI.

De le voir glorieux c'est l'extaze des Anges,
L'adorer côme Amour, & châter ses loüanges
  A l'ombre sans le voir.
C'est la gloire de l'homme, & dans ceste igno-
 rance
Son ame en vn instāt acquiert le vray sçauoir
  De la tres-simple essence.

VII.

Tout ce qu'en dira l'hōme en ces terres estrāges,
Tout ce qu'en penseront dans le Ciel les Ar-
 changes
  N'est tout ce qui en est;
En disant qu'il est Dieu, ils ne font vn men-
 songe;
Mais de la verité ce qu'on void ou cognoist
  N'est que l'ombre d'vn songe.

VIII.

Trois nōs dās vne essence, estre trois, estre vnique;
Dans sa simplicité cet estre magnifique
  Trois personnes auoir,
Ce sont trois beaux Soleils qui par trop de lu-
 miere
Esbloüissent mon œil qui (foible) ne peut voir
  Ceste cause premiere.

IX.

L'estre auāt l'estre estoit dās l'essence eternelle!

Ce concept infiny, l'eternel ne reuelle
　　A l'esprit limité:
Il n'y a qu'vn seul Dieu, mais trois sont en luy-
　　mesme,
Qui sont vn mesme Dieu! comprens tu (vanité)
　　Ce mystere supresme?

X.

Auant que fust le monde enfant de sa puis-
　　sance,
Dieu regnoit glorieux dedans sa mesme essence
　　Son Royaume & sa Cour;
Son estre estoit dans l'estre & sa vie en sa vie:
Ie n'ay pour ce secret des yeux mais de l'amour,
　　Où mon ame est rauie.

XI.

Memoire, esprit & cœur, (petit ternaire) adore
La grande Trinité, que ie voudrois encore
　　Adorer en mourant.
De ce nombre sans nombre est la gloire infinie,
Ie veux l'aymer sans fin, en extaze admirant
　　Sa diuine harmonie.

CANTIQVE XXVI.

I.

Qve sens-ie dans mon cœur? est-ce point
　　quelque signe

Du ternaire diuin, vne Claire en fut digne,
Non cet indigne amant:
Ie ne sçay pas que c'est, mais nuict & iour ie
pense
A ce parfaict trin'vn, auquel incessamment
Par amour ie m'eslance.

II.

Mõ cœur meurt de desir de voir sõ beau visage,
Depuis l'heureux momẽt que ie vis à l'ombrage
Ce Soleil glorieux
Ie ne sçaurois penser qu'en ce mystere estrange,
Mon esprit le voyant d'vn œil mysterieux
Ne voudroit estre vn Ange.

III.

Les mõtagnes, les bois, les prez & les fontaines
Ne plaisẽt à mes yeux, mes amours souueraines
Sont en ce lieu sans lieu:
Les rayons du Soleil sans luy me sont funebres,
Fermant les yeux à tout ie contẽple mon Dieu
Au secret des tenebres.

IV.

I'ayme mieux ce brouillats où ma gloire est en-
close
Sans espace de lieu, qu'auoir toute autre chose
En ma possession:
Tout plaisir m'est douleur, la vie est la mort
mesme
Sans ce ternaire aymé, qui cause en l'vnion
Vn Paradis supresme.

SPIRITVELS.

V.

D'vn seul ie suis contēt & n'ē veux dauātage,
Le voyant sans le voir, i'ayme mieux ce nuage
  Que la clarté des Cieux,
Les rayons du Soleil, la splendeur de l'estoile,
Dans mon recueillement, de ce Ciel glorieux
  L'Ange tire le voile.

VI.

Alors ie ne voy pas dans la couche secrette
L'espoux en son midy, car son essence abstraite
  Ne se va reuelant,
Mais ie vois en ce lieu tant de Dieu, tant de vie
Qu'en ce nid des esleus mon ame s'enuolant
  Est dans cet vn rauie.

VII.

L'Occident nuageux, si l'Orient excelle,
Si de l'astre au midy la lumiere est plus belle
  Qu'elle n'est sur le soir,
Quel sera le soleil de la Trinité pure
Alors qu'en son mi-jour l'ame le pourra voir
  De vision tres-pure?

VIII.

I'adore ce midy! mais ie veux viure à l'ombre
Du ternaire parfaict, beau nōbre sur tout nōbre
  Qui me va rauissant?
L'espouse estant assise à l'ombre desirable
De son espoux aymé, son cœur alloit paissant
  De son fruict admirable.

IX.

O bel arbre de vie! à vostre ombre i'adore
La claire Trinité que ie vois à l'aurore
    De la naissante foy:
Quand l'heure de midy sera pour moy venuë
Ie verray de mes yeux mon Seigneur & mon Roy
    Que ie voy dans la nuë.

X.

Pleust à Dieu que les cœurs amoureux de l'ombrage
De leurs plaisirs mondains qui n'ont autre visage
    Que le rien seulement,
Deuinssent tous esprits de l'ombre salutaire
De laquelle mon cœur (son trop indigne amāt)
    Adore le mystere!

XI.

Dans ce broüillats diuin ie cognois toute chose,
Dans ce broüillats Diuin i'entreuoy ceste cause
    Sans nul commencement;
Dans ce broüillats diuin me regardant moy-mesme
Et mesprisant le rien, EN tout ie vais aymāt
    Au ternaire supresme.

CANTIQUE XXVII.
I.

O Beau nom sur tout nom! ô grand estre sur l'estre!
O nombre sur tout nombre! on ne vous peut cognoistre
    (Pere, Fils, S. Esprit)
Vous n'estes pas vn nôbre, ains vne vnité pure,
Sous ces trois vnitez i'adore en cet escrit
    Vne vnité tres-pure.

II.

Vous n'auez point de nom (ô trine subsistance)
Ou bien vostre S. nom est vostre mesme essence,
    (Nom terrible & parfaict)
Vous possedez vn estre & si n'auez point d'estre
Tel que nous le pensons, car estant tres-abstraict
    Il ne nous peut par estre.

III.

Vous n'auez point de nombre estant l'vnité mesme
Principe de tout nôbre, & vostre estre supresme
    En trois beaux noms distinct
Garde en soy tellement sa simplicité belle
Que les Anges chantant par trois fois Sainct, Sainct, Sainct.

A eux ne se reuelle.

IV.

Dans l'esclat des splēdeurs sortāt de la lumiere
Que nous nōmons l'essence ou la cause premiere
(Parlant humainement)
Les Anges & les SS. ont bien la cognoissance
De toutes vos grandeurs, sans voir totallement
vostre infinie essence.

V.

Le Roy dans son Palais se faict voir en sa gloire
A tous ses Courtisans, afin qu'ils puissēt croire
La pompe de sa Cour;
Mais en son cabinet par fois il se retire
Et personne des siens n'entre en ce beau sejour
Que chacun d'eux admire.

VI.

Dieu ce grād Roy des Rois (tout bon) se communique
Aux courtisans sacrez, à la troupe Angelique,
Aux Cieux de gloire enceints;
Mais en son cabinet il ne leur donne entree,
C'est le secret de Dieu, & c'est du S. des SS.
La demeure adoree.

VII.

Nul ne verra iamais (dit vn celeste Oracle)
De ce grand Dieu viuant, le secret tabernacle,
De la pensee abstraict:
C'est la couche du Roy, le cachot du mystere,

SPIRITVELS.

C'est du grãd Dieu des Dieux le secret du secret
   Qu'aux Anges il veut taire.

VIII.

Au Sancta-Sanctorum de la Royale essence
Entre l'esprit, le Pere auec l'intelligence
   (Qui sont vn mesme Roy)
O non, i'ay mal parlé, la Trinité demeure
Tousiours dedans soy-mesme, & sans sortir
   de soy
   Soy-mesme se bien heure.

IX.

En hõmes nous parlõs, & mesmes les Archãges
De ce grand S. des SS. ne diroient les loüanges
   Selon sa dignité:
Ils voyent seulement en sa vision claire
Qu'ils ne peuuent pas voir de la trin'vnité
   Le diuin Sanctuaire.

X.

Dans le secret du cœur de la supresme essence
Le Pere void le verbe & de leur complaisance
   Procede vn sainct amour;
Le secret de son cœur le Pere au Fils reuelle,
Le Fils au S. Esprit qui dans eux fait sejour
   En la gloire eternelle.

XI.

Adorons ce mystere en vn sacré silence,
Adorons le secret de la diuine essence,
   Adorons ce beau trois,

Et par l'œil de la foy voyant l'vnité sainĉte
Chantons la de l'esprit & non pas de la voix,
  Pleins d'amour & de crainte.
XII.
Silence, i'oy trois chœurs annoncer ce mystere,
En leur Cantique Sainĉt, adorant le ternaire
  Dans la simple vnité:
Voyez vous comme ils vont se cachant sous
  leur aisle
Par vne sainĉte horreur de la diuinité
  Qui sa gloire reuelle?
XIII.
O Sainĉt! ô Sainĉt! ô Sainĉt! chantēt ils en silēce
Pleins d'amour & de crainte, en sainĉte defail-
  lance:
  Chanter ne pouuant plus
Ils coniurent l'Aigneau de dire le Cantique,
Aprés auoir chanté gloire soit à Iesus,
  Sur vn ton magnifique.

CANTIQVE XXVIII.

I.

Mon cœur estant tiré dans les sainĉtes
  splendeurs
Ie veux chanter de Dieu la gloire & les grandeurs

Dans l'extaze supresme:
Ie suis tout esblouy des rayons de ses yeux,
C'est chanter vn Cantique & iuste & glorieux
De dire qu'estant Dieu, il est la grādeur mesme

II.

Dieu de soy glorieux, tres-grand sans quantité,
A pour sa profondeur l'immense infinité
    Où l'esprit se termine,
Il a pour sa hauteur la mesme immensité,
Il a pour sa longueur l'heureuse eternité,
Il a pour sa largeur sa charité diuine.

III.

Il a pour son Palais le celeste pourpris,
Il a pour Courtisans cent millions d'esprits:
    Et tous les Saincts encore:
I'ay mal dit, car son regne, eternel comme luy,
Seul il estoit tousiours comme il est auiourd'huy
Sō Royaume, sa Cour, son Louure, auāt l'aurore.

IV.

Il estoit, il sera, cela ne se dit point
De celuy qui sans tēps, tous les momens cōioint
    En sa dextre eternelle,
Il est en soy tousiours, il tient en vn instant
Toute l'eternité dans son estre constant
Que par secrets momens aux Anges il reuelle.

V.

Dans vn esprit finy ne peut entrer ce poinct
Qu'vn tēps ayt existé quād il n'en estoit point,

C'est le temps de Dieu mesme,
(Eternel, que ay-ie dit? seul vous estes sans tēps,
Au monde on parle en homme, & dans le Ciel estans
En Dieu nous parlerons du mystere supresme.

VI.

Quel secret est-ce cy, qu'vn Ange sans parler
Au sommet de l'esprit semble me reueler?
C'est vn nombre sans nombre,
C'est vn mystere heureux qui Dieux les hommes faict,
C'est la simple vnité qui rend l'Ange parfaict
Mais tout rauy d'amour ie ne la voy qu'à l'ombre,

VII.

C'est beaucoup (ce dit l'Ange) & trop pour vn mortel
Dans le cachot du corps d'entreuoir l'immortel,
(Confus, adore, admire)
Pere, Fils, S. Esprit! quelles perfections!
Ne pouuant conceuoir ces Emanations,
En esprit adorer vn seul Dieu ie desire.

VIII.

(Frere) tu l'as cognu plus que tu ne pensois,
(Dit l'Ange(& tu l'as veu autāt que tu deuois
Ne voyant rien encore:
Vn esprit attaché dans l'escorce du corps
Ne void ce que tu vois, viuant entre les morts,

Toy mort selon le sens, en esprit tu l'adore.

IX.

Autre chose est voir Dieu, & voir qu'on ne
 peut voir
Celuy que lon contemple au glorieux miroir
 Auquel il se reuelle;
Au mystique miroir icy bas te mirant,
Voyant que tu ne vois, tu le vas admirant,
Qui? ie ne peux le voir que par vn œil fidel'e.

X.

Ne pense qu'à ces trois en ce mortel sejour,
Adore l'vnité dans ces trois nuict & iour,
 En Dieu pense & repense;
Tu ne perdras le temps, pensant en l'vnité,
Au temps tu gaigneras la saincte Eternité,
Des Anges & des SS. l'heureuse recompense.

XI.

O simple estre eternel, ô sagesse, ô amour!
O ma vie, ô ma gloire, ô mon sacré sejour,
 Mon Soleil, mon Aurore,
Mon iour, mon Orient & mon tout glorieux!
Ne pouuant vous comprendre, & vous voir de
 mes yeux
Mon cœur tombe en extaze & mourant vous
 adore.

CANTIQUE XXIX.

I.

GRand Estre solitaire, & qui dans l'vnité
Contenez vn ternaire vnique en Trinité,
Estant tout dans vn tout, (diuine plenitude)
Ie ne puis vous chanter estant en vos amours,
Infiniment abstraicte en ceste solitude
    Où vous viuez tousiours.

II.

Estant tousiours cachée en vostre estre excellent
L'esprit ne vous peut voir, vous n'allez reuelant
Vos esmanations qu'à vos intelligences:
Les Anges en tremblant receuant vos splẽdeurs
S'eslancent par amour au Palais des puissances
    Où regnent vos grandeurs.

III.

I'appelle en mon excez les brillans Cherubins,
Les throsnes, les vertus, les bruslans Seraphins
Pour chãter vos bõtez, vostre iustice & gloire:
Cõfus i'escouteray leurs chãsons nuict & iour,
Ou bien pour exalter de Iesus la victoire,
    Chanteray son amour.

IV.

Supresme estre de l'estre, estant sur tout estant,
Pensant en vos amours mon esprit est content,
L'idee entreuoyant de ma cause premiere:
Ie ne puis conceuoir ce grand Roy glorieux
Que sous la notion d'vne grande lumiere
  Esblouissant mes yeux.

V.

Ie ne voy pas aussi ce Soleil des esprits
Dans son Char lumineux des Anges incõpris,
Ie le voy seulement dans vn broüillats my-
 stique;
Regardant ce broüillats mes pensers sont rauis
Et ie gouste en extaze vne ioye Angelique
  En ce sacré paruis.

VI.

Tout ce que l'œil peut voir en ce monde plus
 beau
Est laid à son regard, le Soleil est flambeau
Au respect des clartez que ie voy dans ceste
 Ombre;
I'y voy d'vn œil diuin vn tout mysterieux,
Et le monde oubliant ie pense estre du nombre
  Des hostes glorieux.

VII.

Tout ce qu'vn peut penser icy bas d'excellent
Se va par eminence à mes yeux reuellant
Dans cet ombrage doux, & mille belles choses

Que l'esprit n'imagine en ce terrestre lieu,
Et tout cela n'est qu'vn dãs la cause des causes
    Que i'appelle mon Dieu.

VIII.

Ie ne sçay qui des deux, en cet heureux moment
Cause à mon intellect plus de rauissement,
De penser que c'est Dieu caché dans vn nuage
Qui me rend (sans le voir) si ioyeux & content,
Ou biē l'espoir que i'ay de voir son beau visage
    Que mon cœur ayme tant?

IX.

Si vous me demãdez, qu'est-ce donc que tu vois
En ce diuin brouillats? i'ē vois vn, i'en voy trois,
Le trois me meine à l'VN qui transporte mon
    ame;
Ie ne sçay que ie voy, ie ne sçay que ie dis,
Mais ie sçay qu'en ce lieu mon cœur d'amour
    se pasme
    Dans vn doux Paradis.

X.

Or ie l'appelle vn lieu, (comme vn homme, par-
    lant,
Ie dy trois & puis VN, ainsi se reuelant
Aux yeux de mon esprit qui ne void pas la
    chose:
Les purs conceps du Ciel ne sont de nous com-
    pris,
Nous sommes seulement les ombres de la cause

Qui rauit nos esprits.

II.

Beny soit ce grand Dieu, de mon indigne Esprit
Qui sans cesse dormant au sein de Iesus Christ
Apprend de son amour la tres-docte ignorance:
Des Anges la leçon, dedans l'Eternité,
C'est, au sein de Iesus, admirer vne essence
Dedans la Trinité.

CANTIQUE XXX.

I.

Qv'est-ce qui regne au tout, auant tout, sur tout lieu,
De toute Eternité, dans luy-mesme? c'est DIEV:
Le trois & l'vnité c'est le tout & le mesme;
Les trois sont eternels non trois eternitez.
Vne essence, trois noms comme trois vnitez
Dans vn estre supresme.

II.

Le ternaire est vn tout auecques l'vnité,
La trine subsistance est vne Deité;
Ne voyant vn ny trois, le trois dans l'vn i'a-
dore,
Principe sans principe & sans milieu ny
bout,

E vj

Le tout est dans le tout, estant le tout du tout,
    L'vn n'estant l'autre encore.

III.

Le Pere n'est le Fils, le S. Esprit n'est point
Le Pere ny le Fils, trois poincts dedans vn
    poinct
Tousiours estát trois poincts sont vn seul poinct
    supresme:
Ce mystere ineffable est purement abstraict,
Car chacun de ces trois estant vn tout parfaict
    N'est qu'vn tout en Dieu mesme.

IV.

Dans ces trois tout (VN tout) ie voy le rien
    du rien,
Non que la vanité soit au souuerain bien,
Mais la voyant par eux ie la trouue en moy-
    mesme,
Dans ce tres-pur miroir voyant ma vanité
Ie veux (me hayssant) aymer la verité
    Dans l'vnité supresme.

V.

Mon esprit est confus regardant le Tres-haut,
Au ternaire pésant, le cœur trois fois me faut,
Cent fois & mille fois, dãs mon rien ie l'adore;
Pour mon indignité chanter ie ne deurois,
Pour ma confusion seulement ie le dois;
    Mon esprit il deuore.

SPIRITVELS.

VI.

Qu'il deuore mon cœur afin qu'il n'ayme plus
Que le Pere & l'esprit & le diuin Iesus
Qui pour me faire Dieu, daigna bien se faire homme:
Diray-ie que d'vn mal vn grand bien nous est né?
Non, l'amour paternel le Fils nous a donné,
 Non la fatale pomme.

VII.

Trois sont dedans le Ciel qui dés l'eternité
Regnent heureusement en parfaicte vnité,
L'esprit, le Pere & Fils en amour & concorde:
En terre nous auons l'eau, le sang & l'amour
Du bien-aymé Iesus qui crient nuict & iour
 Pour nous misericorde.

VIII.

Ie reclame ceste eau, cet amour & ce sang
De l'adorable aigneau, trespur, tres-innocent
Pour impetrer du Pere & Fils, esprit supresme,
Que mon entendement, memoire & volonté
Soient offerts à l'autel de ceste Trinité,
 De Dieu seul à Dieu mesme.

IX.

Du rië ie m'achemine aux pieds de Iesus Christ,
Des pieds à son costé où ie reçoy l'esprit
Qui faict paruenir l'hõme à la diuine bouche:
On iouit en ce lieu d'vne si grande paix

Que la saincte ame veut demeurer à iamais
Dans ceste heureuse bouche.

X.

O beau lict de l'espoux plein d'œillets & de lys!
N'estes vous pas de Dieu le tres-doux Paradis?
Dãs ce lict à mi iour sommeille la saincte ame,
Elle y dort, elle y veille, & tandis qu'elle y dort
L'espoux veillant pour elle, au baiser de la mort
Rauie elle se pasme.

XI.

Le Pere vient en elle & luy donne vn baiser
De la bouche du verbe, & la vient espouser,
Le feu du S. Esprit l'enflamme & la deuore
En respirant sur elle; en ce lict nompareil
Voyant trois purs rayons elle adore vn Soleil
Qui reluit sans Aurore.

XII.

Dans le pur Orient du firmament de Dieu
Luit vn midy de gloire, en ce lieu sur tout lieu,
Midy qui sans chãger tousiours midy demeure:
Qui ne voudroit mourir pour viure en ce seiour?
O mon Dieu, pour vous voir, faictes donc que
d'AMOVR
En extaze ie meure.

CANTIQUE XXXI.

I.

Solitaire haulteur, obscurité tres-claire
Qui cachez sainctement le rauissant my-
stere
　　Que ie vais adorant,
Que ie vous ayme en Dieu! n'estes vous point
　vous-mesme
Cet object precieux, mon cœur enamourant
　　De sa beauté supresme?

II.

I'appelle mon AMOVR l'heureuse solitude
Qui chez soy demeurant est sa beatitude,
　　Son repos nompareil!
Mais vne obscurité Monseigneur ne s'appelle
Si le iour n'est la nuict, & si le vray Soleil
　　N'est vne ombre eternelle.

III.

Ie ne sçay donc que c'est que le broüillats my-
stique,
Il est si glorieux qu'il me rend deifique
　　Faisant chez luy seiour:
Ce n'est le lieu de Dieu: luy mesme est sa demeure,

CANTIQVES

Ie ne verray iamais le visage d'amour
  Iusqu'a tant que ie meure.
IV.

Au desert de l'amour regne le doux silence,
Le zephir qui l'embausme est de telle excellence
  Qu'il rauit tous les cœurs,
L'esprit les inspirant de sa diuine haleine,
Ils trouuent en Iesus le terme à leurs langueurs
  Dans la mort souueraine.
V.

Ie ne sçay pas au vray que c'est que la lumiere
Qui sortant sans sortir de l'essence premiere
  Rend l'Ange glorieux;
Mais ceste obscurité rauissante & mystique
(Le iour de nos esprits & la nuict de nos yeux)
  Rend mon ame extatique.
VI.

J'ignore heureusement ceste vnité parfaicte
Qui contient trois beaux noms dans son essence
  abstraicte
  De l'estre, esprit & lieu:
Ie ne sçay pas que c'est que son secret silence,
C'est vn doux Paradis ou biē c'est de mō Dieu
  La pure intelligence.
VII.

O non, l'intelligence est la mesme nature
Du Pere & de l'Esprit, ces trois sōt sans closture
  La maison d'vnité:

Recherchant que c'estoit que cet Estre supresme
I'ay trouué dans ce tout l'extresme vanité
 Dedans mon neant mesme.

VIII.

Le rien n'est pas au tout, ceste tres-simple essence
Contient tout ce qui est, par son l'intelligence
 Cognoissant le peché
Elle cognoist encor le rien & le non-estre;
Ie vous adore (ô Dieu) vous estes si caché
 Qu'on ne vous peut cognoistre.

IX.

C'est vn poinct infiny que de voir l'inuisible
Comme d'auoir accez à cet inaccessible,
 Ie ne l'espere point,
Il est encore plus loin de nostre puissance
De voir 3. vnitez, ou trois poincts en vn poinct
 Dans vne simple essence.

X.

Ceste docte ignorance est rauissante & belle,
Ceste obscurité saincte vn Soleil nous reuelle
 Au cœur non pas à l'œil:
Ie ne voy riẽ si beau que ceste amoureuse ombre
Laquelle faict accroistre (aux rayons du Soleil)
 Des estoilles le nombre.

XI.

O plaisante nuee, ô rosee amoureuse!
O Soleil du Soleil! essence bien-heureuse!
 O trois mysterieux!
I'adore en pur esprit la lumiere supresme,

Illuminant mon cœur elle aueugle mes yeux,
Ie croy que c'est Dieu mesme.
XII.
C'est le propre de Dieu, par sa lumiere pure
De rendre nos esprits sur la montagne obscure
Aueugles en effet:
Mais lors que dans le Ciel elle les glorifie
Ils voyent de leurs yeux cet obiect tresparfaict
Qui l'homme deifie.

CANTIQVE XXXII.

I.

IE n'ay plus de parole, A, A, A, ie beguaye,
Mon silence à Dieu parle, en vain donc ie m'essaye
De parler de la bouche à l'amoureux Iesus,
Ou bien aux trois encore
Qui rendent l'intellect heureusement confus
Dans cet VN que i'adore.
II.
Vacant dessus vn mont à la saincte priere
I'entreuy seulement vn rayon de lumiere
Dans vne obscurité plus claire que le iour;
Mon esprit extatique
Ne vit rien en ce lieu, mais sentit de l'amour

SPIRITVELS.

L'odeur aromatique.

III.

C'eſt beaucoup de ſentir les parfums admira-
bles
De l'eſpoux glorieux, ils ſont plus deſirables
Que toutes les amours du ſiecle malheureux:
  Dieu ne pouuoir entendre
Et l'admirer touſiours d'vn eſprit amoureux
  Seul contens nous peut rendre.

IV.

Son eſtre eſt par deſſus tout ce qui eſt dit eſtre,
Tout ce qui eſt dit vie, on ne le peut cognoiſtre
Eſtant haut eſleué ſur tout ce qu'on dit Dieu;
  La penſee eſt finie
Et Dieu de ſoy ſurpaſſe & le temps & le lieu
  De diſtance infinie.

V.

Le temps n'eſt pas en Dieu, mais l'eternité pure,
Le lieu n'eſt pas en luy, ſon immenſe nature
Eſt toute dans ſoy-meſme en ce tout glorieux;
  Et ſes trois noms enſemble
Sont tellement vnis qu'a nos fidelles yeux
  Vn ſeul & meſme il ſemble.

VI.

Il a l'eſtre dans l'eſtre & la vie en la vie,
On ne peut le comprendre, & l'ame eſtant rauie
N'agit que par amour qui le va beniſſant;

Non elle meurt en elle
Car cet acte tres-pur en son cœur agissant
Comme amour se reuelle.

VII.

Elle ne voit pas Dieu dans sa lumiere ardante
Elle mourroit de mort, sa flamme est deuorante
Mais elle meurt d'amour au mystique trespas;
Si elle appelle vie
La mort qui la faict viure en ne le voyant pas
Elle est donc bien rauie.

VIII.

Que sera-ce de voir en vision parfaicte
La Trinité diuine & l'vnité secrette
Qui pasme ainsi les cœurs en ses embraze-
mens?
I'ignore & ie veux croire
Que ce sont les amours & les embrassemens
Du Seigneur de la gloire.

IX.

De ce grãd Roy des Rois qui pourroit voir l'es-
sence
Il diroit bien que c'est que l'amoureux silence
Et les rauissemens que lon gouste au sainct lieu:
Ce mystere i'ignore
Et ie suis trop content de sçauoir que c'est Dieu
Qu'en extaze i'adore.

X.

Ie suis pasmé d'amour en la douce pensee

SPIRITVELS.

Au vol de mon esprit sainctement eslancee
Dans ce beau Paradis à moy se reuelant;
　　N'ayant de nous memoire
Abismons tout nostre estre en cet estre excellent
　　Nostre eternelle gloire.

XI.

Pour vous (simple vnité) ie veux mourir au
　　monde,
Pour vous (belle vnité) mystiquement feconde,
Ie veux mourir d'amour en ce terrestre lieu
　　Pour iouyr de la vie
Au ternaire parfaict, en l'vnion de Dieu
　　Qui m'a l'ame rauie.

CANTIQVE XXXIII.

I.

IE chāte à mon Seigneur au leuer de l'aurore
　　De sa grace qui luit;
Et son estre Abissal ne voyant qu'en la nuict
　　En secret ie l'adore;
Voyant de son amour paroistre l'Orient
　　Mon cœur est tout riant.

II.

Orient eternel! beau Soleil de mon ame!
　　Clair midy de mon iour!

CANTIQVES

Embrazez mon esprit du feu de vostre amour,
De languir il se pasme:
Ce n'est pas vn midy que ce moment heureux,
C'est vn vespre amoureux.

III.

Les Astres du matin vous chantent dés l'Au-
rore
Sans fin vous benissant,
Vostre saincte rosee au cœur rejalissant
Au fond de l'ame encore,
Comme perles d'amour embellit mon beau teint
Du sang de l'aigneau teint

4.

Tourné vers l'Orient (sejour des belles choses)
Mon cœur aux Anges rit,
Là ie voy trois esprits qui sont vn mesme esprit,
Et la cause des causes,
Non il est plus qu'esprit, & ie ne sçay que c'est,
Mais ie voy bien qu'il est.

V.

Dés l'aube entreuoyant ceste essence premiere
Si belle auant le iour,
Que sera-ce de voir au midy de l'amour
Ceste pure lumiere,
L'excez des Seraphins, le Paradis des cœurs,
Terme de nos langueurs?

VI.

Monstrez moy ce midy qui doit rauir mon ame

(ô mon cher gardien)
Non, ne le monstrez pas, c'est le souuerain bien
　　Qui dans l'ombre me pasme:
Dieu se void en tenebre en ce mortel seiour,
　　Au Ciel on voit l'Amour.

VII.

Il y a trois amans & trois aymez encore
　　Et trois diuins amours
Dans ce mystere heureux que ie voy tous les
　　iours
　　　Au Vespre & à l'Aurore,
Et que ie ne puis voir à l'heure de mi-iour
　　Qu'au celeste seiour.

VIII.

Ces amans, ces aymez & ces amours ensemble
　　Sont au lieu sur tout lieu
Vne essence amoureuse, vne gloire, vn seul Dieu
　　Qu'vn S. amour ensemble:
L'ame rauie au sein de la diuine Cour
　　Verra le bel Amour.

IX.

Transformee en son Dieu sa rauissante cause,
　　En elle n'estant plus,
Elle verra le Pere & l'esprit en Iesus,
　　(Trois noms mais vne chose)
Et s'abismant heureuse en l'abisme sans lieu
　　Ne verra plus que Dieu.

X.

Heureux estre, heureux iour, heureuse mort mystique
   Que de mourir à soy
Pour viure selon Dieu, en Dieu, de Dieu, le Roy
   De l'esprit deifique!
Alors il cognoistra que c'est que Trinité
Rauy dans l'vnité.

CANTIQVE XXXIV.

I.

Vne amante du Ciel cherchant de lieu en lieu
   Celuy que son cœur ayme
N'auoit point de repos en ne trouuant son Dieu
   Son seul object supresme;
Deux Anges elle trouue, & son feruent esprit
Ne veut que Iesus Christ.

II.

Amant de l'vnité, ie n'en cherche pas deux
   Mais ie cherche amoureux
Le ternaire parfaict qui m'a l'ame rauie,
   Car la belle vnité
Est comprise en ces trois, & cet VN est ma vie

En

SPIRITVELS.

En toute eternité.

III.

Hé? n'auez vous point veu celuy pour qui mon cœur
    Meurt en sainéte langueur?
Anges, diétes le moy, car vous mourez encore
    Pour luy mystiquement,
C'est vn feu consommant qui les esprits deuore,
    En luy les transferant.

IV.

Vous ne respondez point, est-ce qu'il est caché
    Au cœur plein de peché?
Est-ce qu'il fait au Ciel sa demeure secrette
    Comme il fait icy bas?
Où bien sa pure essence est elle tant abstraéte
    Qu'on ne la nomme pas?

V.

O prodige excellent! vn nuage ie vois
    Ensemble clair & sombre;
I'entreuoy l'vnité, ie voy l'vn dans les trois
    A la faueur de l'ombre,
Vne estoille luisant d'vn lustre nompareil
    Me fait voir mon Soleil.

VI.

Anges, diétes moy donc si celuy que mon cœur
    Entreuoit dans la nuë
N'est pas l'obiect aymé de ma sainéte langueur
    Qui lors ne diminuë?

Dictes, ie veux mourir, aymant la Trinité
 Au sein de l'vnité.
VII.
Son estre sur-estāt, tres-simple & tres-abstraict
 Excelle le parfaict,
(Me disent ces esprits) & toutes nos loüanges
 N'exaltent point celuy
Qui seul est glorieux auant l'estre des Anges
 Comme il est auiourd'huy.
VIII.
Il est, il vit, il regne en soy-mesme tousiours,
 Et ses pures amours
Tu ne peux conceuoir par aucune pensee
 Au vol de tes esprits,
Et tu le cognois moins estant haut eslancee
 Vers l'object incompris.
IX.
Si tu veux l'entreuoir au vol delicieux
 De ton ame amoureuse,
Creuze tō cœur ouuert, puis en fermāt les yeux,
 Reçoy lors desireuse
Auec humilité son amoureux esprit
 Au sein de Iesus-Christ.
X.
Le Pere, le doux verbe & l'esprit ton amour,
 Dieu ceste vnité pure
Au sein de ton esprit viendra faire seiour;
 Ainsi de la nature

SPIRITVELS.

La grace triomphant, par merueille en ce lieu.
L'homme sera faict Dieu.

XI.

Quand Dieu viendra chez toy (simple) ne pen-
se pas
Au mystique trespas
Vers luy leuer les yeux de ton intelligence
Mais celuy de la foy,
Adorant en esprit l'essence de l'essence
Qui veut regner en toy.

XII.

Lors il se fera nuict, de crainte que ton œil
Ne voye le Soleil,
Ton ame periroit dans sa flamme secrette;
A l'ombre t'arrestant
Adore purement ceste beauté parfaicte
Que ton cœur ayme tant.

CANTIQVE XXXV.
I.

Voicy l'Espoux qui vient aux montagnes
diuines,
Il saulte en tressaillant sur les belles collines,
Ie dors & mon cœur veille, & dés le poinct du
iour
I'entens venir l'amour.

F iij

II.

J'en vois vn, j'en voy deux, j'en voy trois, ô miracle!
Car ie n'en voy plus qu'vn, il a pour tabernacle
Vn Soleil glorieux, ie voy mon Espoux sainct
   De nuages enceint.

III.

On dit que ce grand Dieu demeure en la nuee,
Vn iour ie l'esprouuay, quand estant desnuee
Des obiects de ce monde il vint par son amour
   En moy faire seiour.

IV.

O prodige d'amour! ceste essence premiere
Couche eternellement dans sa propre lumiere,
Et cet estre eternel veut demeurer caché
   Au cœur plein de peché!

V.

Encor que les pechez soient des obiects funebres
Et qu'en terre il n'y ait de plus grādes tenebres,
Le Soleil de nos cœurs daigne en nous seiourner

VI.

   Pour les illuminer.
Le Pere est la lumiere, & son intelligence
Que lon nomme le verbe est ceste sapience
Qui gouuerne nos cœurs, & l'esprit est l'amour
   Qui les brusle à mi iour.

VII.

De grace monstrez moy (dit l'espouse fidelle)

Ce midy glorieux où l'Espoux se reuelle
Quand il paist & repose en ses licts parfumez
　　Entre les lys aymez!

VIII.

Qui sont les lys du Ciel? c'est l'esprit & le Pere
Et celuy que sans fin il engendre sans mere:
Où reposent ces trois de toute eternité?
　　Au sein de l'vnité.

IX.

Ie les cherche tousiours & sans fin les adore,
Et tousiours les trouuãt ie les recherche encore;
Ie les cherche en esprit, ie les trouue par foy
　　Et par amour en moy.

X.

(Anges) du firmament ne tirez pas le voile,
Aux yeux de mon esprit apparoist vne estoille
Par laquelle ie trouue en moy-mesme caché
　　Celuy que i'ay cherché.

XI.

(Pauurette) que dis-tu? en auras-tu la veüe
S'il est caché pour toy dans la mystique nüe?
En ne le voyant pas ie trouueray pourtant
　　Celuy que i'ayme tant.

XII.

La nuict i'embrasseray cet Espoux de mon ame,
Elle meurt sans le voir, d'amour elle se pasme!
Qu'est-ce de voir celuy que i'appelle en mõ cœur
　　Terme de ma langueur?

XIII.

Qu'il fait bon chercher Dieu! i'ay trouué plus encore
Que ie ne cherchois pas, cherchant l'vn dés l'aurore
Mon cœur en trouue trois, ie ne sçay que ie dis,
    L'vn c'est mon Paradis.

XIV.

En trouuer trois ou l'vn c'est vne mesme chose,
On ne peut diuiser l'vnité de ma cause,
Elle est bien trine aux noms de la Diuinité
    Mais simple en l'vnité.

XV.

Trois personnes vn Dieu, trois suppos vne essence,
Et trois noms subsistans dedans vne substance,
Ces oracles de foy i'entens en ma langueur
    De l'oreille du cœur.

XVI.

I'admire ce grād Dieu que ie ne puis cognaistre,
L'abisme de lumiere & l'estre de tout estre,
Ie l'adore en esprit, mais ie languis tousiours
    Dans le sein des amours.

XVII.

A force de languir, en chantant ses loüanges,
Si mon esprit mouroit de ceste mort des Anges
Qui nous faict viure en Dieu, que ie serois
    heureux.

SPIRITVELS.

De mourir amoureux!
XVIII.
Ceste mistique mort excelle toute vie,
On vit diuinement ayant l'ame rauie
Dans le sein glorieux de ceste TRINITE
  Qui regne en l'vnité.

CANTIQVE XXXVI.

I.

Qv'est-ce que l'estre simple & le premier
  Estant
Qui regne dans son estre eternel & constant
  Auant l'aube de l'estre?
Qu'est-ce qu'n'estoit pas (à parler proprement)
Ny mesmes ne sera, mais dans vn seul moment
  Possede tout son estre?

II.
C'est celui-là qui est, c'est l'estre des-esprits,
Celuy qui veu de l'Ange est tousiours incõpris,
  Dont l'estre ne commence
Et ne finit iamais, & qui dans luy tousiours
Au ternaire parfaict iouït de ses amours
  En sa tres-simple essence.

III.
Vous dictes là beaucoup & si ne dictes rien,

Vous nous parlez icy du vray souuerain bien
  Mon Paradis supresme:
Ie ne sçay pas que c'est que l'eternel printemps,
Ie n'entend point au temps celuy qui sur tout
  temps
  Est l'eternité mesme.

IV.

Il estoit, il sera, sont termes imparfaicts
Qui conuiennent tres-bien aux tēporels effets,
  Non à l'essence pure
Qui tient dedans sa dextre vn eternel moment
Beau regne de l'amour, de l'aymé, de l'amant,
  Qui tousiours vit & dure.

V.

C'est vn seul eternel, l'amant, l'aymé, l'amour,
Leur essence immuable est leur Royale Cour,
  Leur amour eternelle;
De leur essence & gloire & leur vie & leur
  paix
L'ombre nous cognoissons au beau nom d'vn
  iamais
  Qui sans fin renouuelle.

VI.

Qui verra de ses yeux cet eternel moment
Lequel est sans milieu fin ny commencement
  Verra l'obiect supresme.
Mais il sera rauy dans ceste eternité
D'en voir trois subsistans en la simple vnité

SPIRITVELS.

De Dieu l'essence mesme.

VII.

Ie voy deuant son throsne à la cime des Cieux
Vne tourbe d'esprits qui paroissent tout yeux,
   Tout amour & tout aisle,
Qui volant par les airs de l'empireé pourpris
Chantent que le Tres-haut, Eternel, incompris,
   Son secret ne reuelle.

VIII.

Quel est ce grand secret sinon l'eternité?
Quel est ce grand secret que sa Diuinité?
   Son ineffable essence?
Ils la voyent bien toute au verbe glorieux
Mais non totallement, de leurs debiles yeux
   Finie est la puissance.

IX.

Quand on nous dit qu'il est, & que ce monde il meut,
Encor par la raison entreuoir on le peut
   Comme cause premiere:
Le disant eternel, ie ne passe à ce poinct,
Et le nommant trin'vn certes ie n'en voy point
   Sa brillante lumiere.

X.

Si l'on voit les instans & les corps & le lieu,
Ces obiects limitez ne se trouuent chez Dieu
   Pur acte en existance:
Si nostre esprit ne peut comprendre les esprits

Pourroit il conceuoir ce grand estre incompris
Autheur de toute essence?

XI.

Entrant dans nostre rien adorons ce grand Tout
Qui demeurant chez soy, sans principe & sans
bout,
Est de tout l'origine:
C'est vn tres-grand honneur d'auoir pour Dieu
celuy
Qui deuant tous les temps a sa gloire chez luy,
Qui iamais ne termine.

XII.

Le Pere engendre vn Fils, & de ces deux l'a-
mour
Procede auant tout tẽps, heure, momẽt & iour,
En parlant du ternaire
Pensons à l'vnité, mais oublions le temps
Et le monde & nous-mesme, & nous viurons
contens
Adorant ce mistere.

CANTIQVE XXXVII.

I.

Qv'est-ce qui donne accez au diuin Sanctuaire,
Afin que l'ame amante adore le mistere.

SPIRITVELS.

De la Diuinité?

Quel mistere? celuy de la Trinité saincte
Qui comprend simplement en sa diuine enceinte
    Des trois Saincts l'vnité.

II.

Ie voy d'vn œil diuin dãs le Sanct a les Anges
Qui chãtant du trin'vn les parfaictes loüanges
    Crient S. par trois fois:
Tres saincts sont les trois noms, mais la tres-
    simple essence
Est la saincteté mesme: (ô foible intelligence)
    Entends-tu bien ces trois?

III.

Dans les nõbres finis, l'vn du trois est la cause,
De plusieurs vnitez le nombre se compose,
    Mais en Dieu tres-abstraict
La parfaicte vnité n'est en effect vn nombre
Mais de tout le principe, adorons tous à l'ombre
    Le ternaire parfaict.

IV.

En disant trois en vn, l'hõme en homme reuéle
De ceste Trinité la grandeur eternelle
    (Cachot misterieux:)
Selon la dignité de l'estre magnifique
Ce ternaire & cet VN ne chantent le Cantique
    De ce Roy glorieux.

V.

Trois, vne mesme essence, vne vie, vne gloire

Ie n'entẽd pas cela, mais humble ie veux croire
    Ce que la foy me dit:
Toy toy (langue indiscrette) & que l'intelli-
    gence
Adore ce ternaire au secret du silence,
    Parlant on en mesdit.

VI.

Dans vn profond abisme, au cachot de lui-
    mesme
Regne eternellement ce grand Estre supresme,
    Solitaire & caché:
He! qui pourra trouuer ceste essence eternelle?
Qui pourra voir l'Espoux si l'estre il ne reuelle
    En son midy couché?

VII.

De grace n'appellez mon ame curieuse
En cherchant cet Espoux, car elle est desireuse
    D'apprendre son seiour:
Elle n'aspire pas à voir sa pure essence,
Ou bien elle en desire auoir la cognoissance
    Par les yeux de l'amour.

VIII.

Elle meurt de le voir, & n'a point d'autre vie
Que d'estre incessamment à son ombre rauie
    Au mistique trespas:
Tousiours elle voudroit parler à cet ombrage
De ses perfections, pensant que son visage
    Au monde on ne void pas.

SPIRITVELS.
IX.

Au desert de l'amour elle parle en silence
Au trin' vn rauissant, auquel l'intelligence
  Est rauie au S lieu:
Parlez luy des esprits, des throsnes, des Archanges
Des ames & des Saincts, ces objects sont estrãges
  Pour elle sans son Dieu.

X.

En ne comprenant pas l'adorable ternaire
Qu'on void en Paradis, elle dit en mistere
  Dans vn excez tres-doux
Vous n'estes pas mon Dieu si ie vous puis entendre,
Mais vous estes mon Dieu car ie ne peux comprendre
  Ce que lon dit de vous.

XI.

On dit que vostre essence est incomprehensible,
Immuable, eternelle, immense, inaccessible,
  La mesme infinité;
Qu'est-ce que tout cela? ie ne sçay, ie l'admire,
Ces mots sont eminens & si ce n'est rien dire
  De la Diuinité.

XII.

Vostre essence contient en soy trois existances,
Trois supposts non trois Dieux, trois noms, non
  trois puissances,

CANTIQVES

Qu'on nomme Trinité:
Ie n'entend ce secret qu'en pur esprit i'adore;
I'espere de le voir & l'admirer encore
Dedans l'eternité.

CANTIQVE XXXVIII.

I.

Estant dans le cachot de mon neant couché
Ie cherche ce grand Dieu que i'ay long tẽps cherché
Sans auoir cognoissance
De son estre excellent ; afin de l'entreuoir
Il ne faut le chercher par esprit & sçauoir
Mais par simple ignorance.

II.

Sur tous les Elemens, les Astres & les Cieux,
Biẽ-haut sur le sommet des mõts plus glorieux
Ce pur acte demeure;
Le monde contemplant tu verras bien qu'il est,
Mais sinon par la foy tu ne sçauras que c'est
Iusqu'à tant que tu meure.

III.

Il est hault esleué sur tous les Cherubins,
Il suruole les Cieux des trespurs Seraphins;
Mais quelles sont ses aisles?

SPIRITVELS.

Ie ne sçay, car estant immuable tousiours
Il regne (souuerain) en ses sainctes amours
   Aux montagnes tres-belles.

IV.

Qui sont ces monts diuins, odorans, glorieux
Où Dauid si souuent vouloit leuer les yeux
   Pour son Dieu recognoistre?
Ce sont les noms tres-saincts de la Diuinité
Qui sont trois par mystere en toute eternité,
   N'estant qu'vn selon l'estre.

V.

Ces grandeurs, ces haulteurs, cet estre sur tout
   lieu,
Ces trois qui ne sont qu'vn sont les aisles de
   Dieu,
   Qui par leurs vols mystiques
Le font monter si hault dessus les Seraphins
Qu'ils ne font qu'admirer dedans ces airs Di-
   uins
   Ses grandeurs magnifiques.

VI.

Quel mystere est-ce cy? car ce Roy des amours
Sur eux vole sans fin, & demeure tousiours
   Immuable en soy-mesme!
C'est qu'il est tousiours Dieu, tres-hault, tres-
   excellent,
Par vn excez d'amour aux Anges reuelant
   Sa Majesté supresme.

VII.

Il contient tout en soy sans espace de lieu,
Seul il demeure en luy côme estant le seul Dieu
    Digne de se comprendre
Il est trois, il est vn, il est son Paradis;
Il est tout & moy rien ; ie ne sçay que ie dis,
    Ie ne le puis entendre.

VIII.

O langue sois muette, Esprit ne vole pas
Deuers ce grand Soleil si tu crains le trespas
    Loyer du temeraire;
Mes sens sont aueuglez, ô ma raison, tu meurs,
Et mes foibles esprits en tres-iustes langueurs
    Adorent ce mistere.

IX.

Ie ne sçay si mon ame estant hors de ses sens
Deuant ces trois amours si purs & rauissans
    Iugera bien encore,
Mais ie croy que les Saincts & les Anges des
    Cieux
Se trouuent sans esprit au throsne glorieux
    Du trin' vn que i'adore.

X.

Ils voyent bien aux trois vne simple vnité,
Mais dans l'extresme esclat de la Diuinité
    Qui contient toutes choses
Ils meurent à soy-mesme afin de viure mieux,
Ils iouïssent sans fin d'vn estre glorieux

Dans la cause des causes.
XI.
Ainsi tous les esprits rauis dans l'vnité
Adorans dans le Ciel vne Diuinité
  Le Pere se reuelle
Par le Fils qui se donne aux ames cōme Espoux,
Le S. Esprit en eux inspire l'air tres-doux
  De la vie eternelle.

CANTIQUE XXXIX.
I.

HE' que fais-tu (mon ame? ô belle matinee!
De ses sens la pauurette est toute alienee
En pensant à celuy qu'elle ayme & ne void pas:
Ne vous en estonnez, car ces trines merueilles
(Qui ne sont pas l'objet des yeux ny des oreilles)
  Causent vn S. trespas.

II.
Si ce diuin mistere, au leuer de l'aurore
Paroist si glorieux à l'esprit qui l'adore
Hé! que sera-ce donc de le voir à mi-iour,
Il ne se manifeste à nostre intelligence
Mais (simple) il se reuelle à la simple ignorance
  Des enfans de l'amour.

III.
Le voyant sans le voir, au Paradis i'adore

Le Dieu du Paradis, & ie peux dire encore
Que ie voy dans mon cœur vn petit Paradis;
Ce sont trois Paradis qu'vn sainct amour as-
semble
Et tous ces trois ne sont qu'vn Paradis en-
semble
  Où mes sens sont rauis.

IV.

Quels sens? ceux de mon corps ? ou bien ceux de
mon ame?
Nenny, vous le disant, en Iesus ie me pasme,
Ce sont les sens de Dieu, non mes indignes
sens,
Il me les a prestez pour gouster ceste vie
Qui pour trois doux momens rend vne ame
rauie
  Dans les trois rauissans.

V.

Ces trois paroissoient vn aux yeux de ma
pensee
Tandis qu'au vol d'amour elle estoit eslancee
Dans la vie sur-vie & dans le lieu sur
lieu:
Ils sont trois n'estant qu'vn, trois noms par sub-
sistance,
Et seulement vn Dieu par sa tres-simple es-
sence!
  O vie! ô Dieu de Dieu!

SPIRITVELS.

VI.
Le Fils est Dieu de Dieu, car le Pere l'engẽdre,
Sa generation ne pouuant pas comprendre
Ie la veux admirer en cet indigne escrit;
L'Esprit est Dieu de Dieu : car des deux il procede;
Adorons l'vn aux trois, ce grand mystere excede
  Le vol de mon esprit.

VII.
Le Pere est eternel & le Fils l'est encore,
L'Esprit est eternel, vn eternel i'adore
Dedans ces trois qui sont la mesme eternité:
Au mystere de Dieu tout ce qui plus me pasme
C'est qu'eternellement il a chery mon ame.
  Qui n'est que vanité.

VIII.
Dieu voulut bien creer la Trinité petite
Par vn excez d'amour & non pour son merite
Pour luy faire adorer la grande Trinité:
Dieu permet que ie l'ayme, il le veut, le commande,
Qui pourroit voir combien ceste faueur est grande
  Hayroit la vanité.

IX.
Estre creé pour Dieu, pour l'eternité mesme,

Pour aymer & seruir la Trinité supresme,
Et pour estre faict Dieu par l'vnion d'amour!
Pleurez (Anges de paix) pleurez la mort de
l'homme,
Pleurez larmes de sang, puisque pour vne
pomme
Il quitte ceste Cour!

X.

Quelle Cour? d'vn grand Roy? d'vn Monarque
du monde?
Non, mais la Cour d'vn Roy qui bien-heureuse
abonde
En plaisirs eternels, pour la mondaine Cour,
Ceste Cour n'est que vent, que fumee & pous-
siere,
Mais la Cour de mon Roy n'est que gloire & lu-
miere
Que paix, ioye & qu'amour.

XI.

A Dieu tous les plaisirs, à mon Dieu ie me
donne,
A Dieu le monde immonde, à Dieu ie m'aban-
donne,
A Dieu moy-mesme encor, ie m'en retourne en
Dieu:
Au sein de l'vnité ie veux rendre mon ame;
Ie voy l'vn dans le trois! ô Iesus, ie me pasme
En ce lieu sur tout lieu!

SPIRITVELS.
XII.

Tirez mon fresle esprit en son amoureux centre,
En sortant de son rien dedans son tout il entre,
De la mort en la vie & de la nuict au iour:
Le petit monde n'est faict pour la masse ronde,
Mais pour viure à iamais dans le monde du monde
Au sein du bel AMOVR.

CANTIQVE XL.

I.

PAsmé dessus vn mont, dans vn diuin brouillats,
Vn Ange me disoit, celuy qu'on ne void pas
En la mortelle vie
C'est celuy seul qui est, sur l'estre, temps & lieu,
Et si tu le voyois ayant l'ame rauie
Tu ne serois pas homme ou luy ne seroit Dieu.

II.

De l'ame iusqu'à Dieu, de Dieu iusqu'au seiour
De l'ame il n'y a rien qu'vn petit vol d'amour,
L'vnion est facile,
Mais Dieu ne sçauroit estre à l'esprit reuelé
Iusqu'au moment heureux auquel du corps fragile

Dans le sein des Esleuz, il sera reuelé.

III.

L'ame languit au monde en l'absence de Dieu,
Loing de la Trinité son principe & son lieu,
   Sa vie & plenitude;
Le Pere la desire, & le Fils l'appellant
Auec le S. Esprit à sa beatitude,
Ils se vont par amour icy bas reuelant.

IV.

Au mont d'obscurité voyant Dieu sans le
 voir
Elle admire le Pere en ce diuin miroir
   Du verbe salutaire,
Elle admire l'Esprit dans le Pere & le Fils;
Elle adore vn seul Dieu, & dans ce grand
 mystere
Elle croit en excez voir son doux Paradis.

V.

Alors elle s'escrie, ô saincte Trinité!
Belle essence admirable! amoureuse vnité,
   Ne vous voyant ie pasme;
Si ie vous pouuois voir au celeste sejour
Ie ne sçaurois penser ce que feroit mon ame,
Elle mourroit de ioye, elle viuroit d'amour.

VI.

Contemplant les grandeurs de vostre eternité
Mon ame est abismee en vostre infinité
   Comme au fleuue vne goutte;

Et ie dis en excez, ô mon souuerain bien,
Mon ame est dans son centre à l'instant qu'elle
  est toute
Absorbee en son Dieu, comme au tout est le riẽ.
VII.
Le fleuue impetueux de la saincte Cité
s'estant en l'oraison à moy manifesté.
  Dans vn rayon celeste
I'entreuy trois ruisseaux trespurs & cristalins
Dans lesquels vn seul fleuue aux Anges ma-
  nifeste
Vn seul estre eternel dans les trois noms diuins.
VIII.
Mon ame fut rauie & ie dy sans parler
Que veut à ce neant ce grand tout reueler?
  Verray-ie donc sa face?
I'entreuoy son amour, & ne voy ses grandeurs;
Ie ne sçay que ie dy, dans ceste pure glace
Ie vois vn doux rayon de ses sainctes splen-
  deurs.
IX.
Ie dis en mon excez, non ie ne le voy pas,
On ne sçauroit voir Dieu sãs souffrir le trespas
  Et trop heureux encore;
Mais trois Anges venans de la part du Tres-
  haut.
A moy se reuelant, en eux vn Dieu i'adore
Et dans la vision tout l'esprit me defaut.

X.

C'est par trop de faueur de voir en ces bas lieux
Vn rayon de lumiere & les Anges des Cieux,
    C'est vne grace extresme;
Mais que l'homme est heureux de quitter ce se-
    iour!
Au Ciel il ne void pas les Anges, mais Dieu
    mesme
Et les Anges en Dieu par les yeux de l'amour.

XI.

Tirez, tirez (mon Dieu) de la prison du corps
Cet esprit qui lié, viuant entre les morts,
    A vous sans cesse aspire,
Estant creé pour voir la saincte Trinité
Il languit, il halette, il lamente, il souspire
Et meurt en soy pour viure en la simple vnité.

CANTIQVE XLI.

I.

Avx cachots plus secrets de l'eternelle
    gloire,
Par de là tout esprit, tout sens, toute memoire
    Cet Estre estant caché,
(Estre de qui toute ame à pris de rien son estre)
                      Dans

Dans vn moment secret il voulut apparoistre
Sans estre recherché.

II.

La Trinité crea ceste machine ronde,
La parole informa le grand & petit monde,
　　Le Ciel, le temps, le lieu;
Faisant voir au dehors sa puissance supresme
Et demeura tousiours dans son essence mesme
　　Car luy seul il est Dieu.

III.

Si l'homme n'eust peché il eust eu cognoissance
Au petit Paradis, de la trin'vne essence
　　Non pas tres-clairement;
Mais il eust eu de Dieu de plus grandes lumieres
Que n'a la plus belle ame en ses sainctes prieres
　　Dans le rauissement.

IV.

La pure vision qui (simple) nous reuelle
Dans la nuict de la foy, de la Trinité belle
　　Le rayon tenebreux,
Suffit pour le salut, mais ceste Sapience
Daignant illuminer l'obscure intelligence
　　Que l'esprit est heureux!

V.

L'esprit ne sçauroit voir ceste cause des causes,
Il n'est pas plus parfaict en voyant plus de
　　choses
　　Que l'esprit ignorant,

G

Mais comme le Soleil en esclairant enflamme,
Ainsi le diuin verbe illuminant vne ame
  Il va l'enamourant.

VI.

Eschauffant ses desirs de ce doux feu mystique
Il la reduit en flamme, il la rend deifique,
  Y faisant son sejour
Par l'esprit du Tres-haut tellemēt il l'obumbre
Qu'alors il luy fait voir son beau Soleil à
  l'ombre
  Par les yeux de l'amour.

VII.

L'homme ne pouuant pas comprendre ceste Es-
  sence
(Comme obiect infiny) par son intelligence,
  Il l'ayme comme Dieu;
L'intellect n'vnit pas, il separe au contraire,
L'amour seul vnit l'ame auec son salutaire,
  Sans espece ou milieu.

VIII.

Quand ie vay contemplant la sublime Triade
Ie ferme mes deux yeux, & d'vne ame malade
  De son diuin amour
Ie dy, ne pouuant pas ce mystere comprendre,
Le mystere d'amour de vous ie veux apprēdre,
  Y pensant nuict & iour.

IX.

Ie voudrois que tousiours deuāt l'œil de mō ame

En tout lieu fust present cet object qui me
 pasme,
  Le trois en l'vnité,
Si le voir est le bien de l'ame bien-heureuse
Le croire est le bon-heur de mon ame amoureuse
  De la Diuinité.

X.

Ie le croy, ie le voy d'vn œil sombre & mysti-
 que,
Et dans sa vision (qui me rend extatique)
  En mon excez ie dis,
Si ie ne sçauois bien qu'il n'y a point de gloire
Qu'en le voyant au Ciel, ie ne pourrois pas
 croire
  Vn autre Paradis.

XI.

Receuant simplement ceste notion belle
Ainsi qu'en son excez simplement le reuelle
  Mon secret sentiment;
Adorez auec moy ceste vnité Diuine
Où mon cœur s'extazie, où l'amour se termine
  Au pur rauissement.

CANTIQVE XLII.

I.

O claire obscurité par dessus toutes causes,
Par dessus tout esprit, par dessus toutes choses
    Dont l'homme peut parler!
Ie vous chante en ces vers, saincte essence premiere!
Esleuee hautement par dessus la lumiere
    Qui se peut reueler.

II.

Vous ayant dit tres-simple, infiniment abstraicte,
Solitaire, feconde & tres-vne & parfaicte,
    De vous ie n'ay mesdit:
Mais cet estre fecond, ne pouuant pas cōprendre,
Et sa simplicité ne pouuant pas entendre,
    De vous ie n'ay rien dit.

III.

En pensant à vos noms dés le poinct de l'aurore,
Pensant à vostre essence, en mon neant i'adore
    Vn pur acte en tout lieu.
Pensant à cet obiect qui fuit toute pensee,

SPIRITVELS.

J'ay dit dedans l'excez de mon ame eslancee
Mon Dieu vous estes Dieu!

IV.

Meditāt que mon Dieu (que sans voir on adore)
Est tres-simple & fecōd, ie voudrois b iē encor̄e
　　Chanter l'vn dans le trois;
Mais l'esprit defaillant, la langue ne peut dire
Ce qu'au profond du cœur ie conçois & i'ad-
　　mire,
　　Que i'ayme & ie ne vois.

V.

Ceste conception qui contente mon ame
N'est rien au prix de Dieu, neantmoins elle
　　pasme
　　Mon solitaire esprit;
Si est, car vn seul Dieu peut mon cœur satis-
　　faire,
Non est, car ie ne puis comprendre ce mystere
　　Qu'en voyant Iesus-Christ.

VI.

Ie ne sçay que ie dy, mon ame est insensee,
Non ie n'ay plus d'esprit, ie n'ay plus de pensee
　　En pensant à celuy
Qui dés l'eternité regne en magnificence
En trois nōs tout pareils dans vne mesme essence
　　Comme il fait auiourd'huy.

VII.

L'Eternité parfaicte est vn iour, est vne heure,

G iij

CANTIQVES

C'est vn diuin moment qui permanent demeure
 Deuant l'œil du parfaict;
Non, ceste eternité n'est point toutes ces choses,
Mais l'effect discourant de la cause des causes
 Parle en homme imparfaict.

VIII.

L'homme estāt composé de forme & de matiere
Ne sçauroit conceuoir ceste simple lumiere
 Plus claire que le iour:
L'Archange est son estoille & le Soleil son ombre,
C'est beaucoup si l'esprit peut contempler à l'ombre
 Le Soleil de l'amour.

IX.

Penser ce qu'il n'est pas, c'est le haut vol de l'ame,
Penser à ce qu'il est, sans le dire me pasme
 Dans vn cachot si noir
Que ie n'ay plus de sens, d'esprit ny de parole
Que pour dire en excez, si hault mon Dieu s'enuole
 Qu'on ne peut l'entreuoir.

X.

Il vole, & si son estre immuable demeure,
Ie ne leverray point iusqu'a tant que ie meure,
 Qui? ie ne sçay qu'il est!
Il est vn, il est trois, il est vn en essence,

Et ces trois sont un Dieu, mais sa magnificence
　Mon esprit ne cognoist.
XI.
Pour luy ie meurs d'amour, sans pouuoir voir
　la cause
De mon mal desirable, ô merueilleuse chose!
　Car mon ame en tout lieu
Benit incessamment celuy là qui la tue;
Et ie suis consolé de chanter en la nüe
　Que l'amour est mon Dieu.
XII.
Mon Dieu n'est rien qu'amour, douceur, & sa-
　pience,
Il est vn pur amour, i'en ay l'experience
　En ce mortel sejour:
Ses noms sont Pere & Fils & S. Esprit encore
Mais ne sçachãt que c'est, mõ cœur rauy l'adore
　Dans l'objet de l'amour.

CANTIQVE XLIII.
I.
Mon Dieu, mon Dieu! mõ Dieu! le Sainct,
　le Sainct, le Sainct!
Luy seul il est mon Dieu, de nuages enceint
　Ie ne puis le cognoistre
Si fay ie le cognois mais ie ne le voy point,
Quel esprit pourroit voir trois poincts dedans
　vn poinct?

G iiij

Trois noms dedans vn estre?

II.
C'est vn acte trespur, l'immense profondeur,
La longueur eternelle, indicible grandeur,
    Hautesse inaccessible,
Le silence ineffable en claire obscurité
Le vray repos des Saincts & leur felicité
    Toute incomprehensible.

III.
Qu'ay-ie dit de ce tout, sans qui ce tout n'est rien?
Ie n'ay rien affirmé de mon souuerain bien
    Que i'adore en la nüe:
Si quelqu'vn me disoit, quelque chose ie vois
De la grandeur de Dieu, soudain ie luy dirois
    Tu ne l'as pas cognuë.

IV.
Ie ne veux plus aymer ce qui plaist à mes sens,
Ie ne veux plus aymer ce que ie vois ou sens
    Ou que ie puis comprendre;
Ie veux aymer celuy qui par tout est sans lieu,
Qui vit & regne en soy, qui ne seroit pas Dieu
    Si ie pouuois l'entendre.

V.
Il est celuy qui est; qu'est-il? ie ne sçay pas
Et ne le sçauray point qu'apres que le trespas,
    M'aura l'ame rauie;
Vn object infiny, le finit ne cognoist,

Vn objet eternel dans le temps n'apparoist
    A la mortelle vie.

VI.
Veux-tu voir l'inuisible autant que tu le peux?
Fermāt l'œil de l'Esprit ouure l'œil amoureux
    Pour voir Dieu qui t'appelle;
Ainsi leuant ton cœur au celeste sejour
Sans rien voir tu vois tout en ceste nuict d'a-
    mour
    Alors qu'il se reuelle.

VII.
S'il est vray que Dieu soit à tout homme caché
Il l'est encores plus au cœur plein de peché
    Contraire à son essence:
Mais il se manifeste à l'esprit simple & doux
Non comme vn iuge austere, ains comme vn bel
    espoux
    Au desert du silence.

VIII.
Il ne se monstre pas ainsi qu'au Cherubin
En sa magnificence, vn seul rayon diuin
    Nous esbloüit & pasme;
Tout bon il s'accommode aux foiblesses du cœur,
Se laissant entreuoir vne saincte langueur
    Aneantit nostre ame.

IX.
Lors se faisant vn vuide au milieu de l'esprit
Pour faire place au Pere, au Fils, au S. Esprit

Par charité trespure;
Ces trois viennent loger en la saincte Cité,
Par amour vnissant l'humaine Trinité
À la Trinité pure.

X.

Que ce nuage est beau, pur & resplendissant
Où le Soleil diuin va l'ame rauissant
Pour s'vnir auec elle!
C'est vn vray Paradis; nõ, Dieu lõ n'y void pas;
C'est le sein de la vie; ô non, c'est vn trespas
Où l'amour se reuele.

XI.

Ie ne sçay pas que c'est, mais ie sẽs dãs mõ cœur
Vn attraict amoureux, vne saincte langueur
Qui vaut mieux que la vie:
Si lon ne voyoit Dieu dans le Ciel des esleuz,
Ie viurois trop heureuse au costé de Iesus
Tousiours ainsi rauie.

XII.

Mais ie veux voir mon Dieu, ie ne sçaurois
souffrir
D'estre tousiours absent de ses yeux sans mourir
D'vne mort continuë,
Ie le veux s'il le veut, il le veut, par amour
Il se laisse entreuoir iusqu'a tant qu'il soit iour,
Dans la mystique nuë.

CANTIQUE XLIV.

I.

Mon ame, esleuons nous de ces prisons funebres
Au tres-simple rayon des diuines tenebres
Pour voir l'inaccessible en claire obscurité:
Le triangle creé trouue sa plenitude
Au ternaire parfaict où regne l'vnité
Nostre beatitude.

II.

Le trois & l'vnité ce ne sont pas des nombres,
Les purs rayons de Dieu ce ne sont pas des ombres;
Mais l'homme ne pouuant comprendre les secrets
Des trois rayons en vn, la saincte Sapience
Faict entreuoir du Ciel les mysteres abstraicts
A la simple ignorance.

III.

L'homme ne peut darder les raiz de sa prunelle
Au Soleil à mi-iour; & Dieu ne se reuelle
Au midy glorieux de son estre brulant:
Il se laisse entreuoir dans le nuage sombre
De son humanité, qui nous va reuelant

Le vray Soleil à l'ombre.

IV.

Les trois sont trois beaux poincts dans l'vnité
   trespure,
Ou bien trois vnitez dedans vne nature,
Vnité sans principe & sans fin ne milieu:
Comme peut entrer l'hôme en ce diuin ternaire?
C'est par le second poinct, puisque c'est l'homme
   Dieu
   Qui meine au Sanctuaire.

V.

Le seul verbe incarné, diuine Sapience,
Nous donne vn seur accez à la secrette essence
Par son humanité le pont de Paradis:
Par deux on entre au trois, par l'homme-Dieu
   supresme
(En grace auec le Pere estans par luy remis)
   Nous entrons en Dieu mesme.

VI.

Si le deux meine au trois par vn tres-doux
   mystere,
Le cinq nous faict entrer au secret Sanctuaire
De la Diuinité, fermé par le peché;
Cinq playes de l'aigneau nous rendent acces-
   sible
Le grand sein du Tres-haut qui nous estoit
   caché
   Deuant qu'il fust passible.

SPIRITVELS.

VII.

C'est d'vn seul Iesus-Christ que nous pourrons apprendre
Le rauissant secret qu'on ne sçauroit comprendre
Au Ciel parfaictement, qui est la Trinité;
Entrant seul au Sancta de la diuine essence
Comme Prestre eternel, par luy de l'vnité
   Nous aurons cognoissance.

VIII.

Il est homme, il est Dieu, l'homme ne peut cognoistre
Que par les yeux diuins vn estre sur tout estre
Abstraict de tout esprit, temps, mouuement & lieu:
Le Verbe estant faict homme au ventre de Marie,
L'homme a les yeux ouuerts pour voir estant faict Dieu
   La vie dans la vie.

IX.

Nous ne pouuons parler de ce sacré ternaire
Sinon qu'en beguayant; c'est vn Tres-haut mystere
Qu'il conuient adorer, & non pas esplucher;
A l'esprit curieux il ne veut apparoistre,
Il se cache de luy, plus il le veut chercher
   Moins il le peut cognoistre.

X.

Le voyant il aueugle, & redonne la veuë
A l'esprit ignorant qui dedans vne nüe
Adore le secret des Saincts tant reueré;
Le croyant on le voit, & lon parle en silence
De ce mystere heureux, des Anges admiré
    En saincte defaillance.

XI.

Ie le voy sans le voir dans vn sacré nuage,
Les Anges sont rauis en voyant son visage,
Ie suis pasmé voyant que ie ne le voy pas,
Il faut mourir auant que de voir ce mystere,
Ie veux mourir d'amour du mystique trespas
    Pour le diuin ternaire.

XII.

Ia ma memoire est morte & gist au sein im-
    mense
Du Pere glorieux, & mon intelligence
Defaut au sein du Fils, morte est ma volonté
Au sein du Sainct Esprit, ie n'ay plus de sub-
    stance
Qui ne soit consacree à la trin'vnité
    L'essence de l'essence.

CANTIQVE XLV.

I.

Tiré du S. Esprit, dãs vn lieu sur tout lieu
Ie voyois trois esprits & ne voyois qu'vn
Dieu
   D'vne mystique veüe:
O prodige du Ciel! dans l'esclair nompareil
Ie ne vy rien du tout, mais ie vy dans la nüe
   Mon glorieux Soleil.

II.

Voyant on ne voit rien, on voit ne voyant point,
Trois tout dedans vn tout, trois poincts dedans
   vn poinct,
   Trois noms dans vne essence;
Ayant les yeux fermez & le cœur estendu
L'amour me fit voir Dieu qui de l'intelligence
   Ne peut estre entendu.

III.

Le Pere est tout puissant, & tout sage est le Fils,
Tout bon le S. Esprit ; en ce S. Paradis
   Toute chose est esgalle:
Ayant les yeux voilez en ce sacré seiour
I'ay seulement compris que l'essence Royalle
   Est vn trespur amour.

IV.

Ce mystere est si haut qu'on ne peut icy bas
Le voir ny l'entreuoir que dedans vn broüillas
  Où la foy se delecte:
Voicy le seul moyen de voir la Trinité
C'est d'aymer simplement ceste essence parfaicte
  Rauy dans l'vnité.

V.

Faut estre tout en Dieu, pour bien cognoistre
  Dieu,
L'amour seul nous vnit auec luy sans milieu
  Au sein de son essence;
Transformez par amour en l'estre glorieux,
Iesus (pour nous monstrer ceste magnificence)
  Nous donnera des yeux.

VI.

Afin de receuoir de luy ces yeux diuins
Que sa clemence donne aux ardans Seraphins
  Pour contempler cet Estre,
Il faut s'aneantir dans le cachot du rien
Et n'estant rien en nous, lors nous pourrons co-
  gnoistre
  Nostre souuerain bien.

VII.

Au sein inaccessible estant pour nous couché,
Au cachot de son estre estant pour nous caché
  Certes nous deuons croire
Que iamais l'ame humaine & le pur seraphin

SPIRITVELS.

Ne verroient de leurs yeux le Seigneur de la gloire
Sans le verbe diuin.

VIII.

Dieu donc vray Dieu de Dieu, demeurant Dieu touſiours
N'eſt veu que de luy-meſme au ſecrt des a-
mours
En ſa magnificence:
Mais au verbe fait hõme, en ce ſein des Eſleuz
Nous verrons dãs le Ciel la trin'vnique eſſence
Qu'on adore en Ieſus.

IX.

Que s'il faut eſtre Dieu pour voir Dieu pure-
ment
L'homme eſt-il pas fait Dieu par ce diuin
amant
Qui priſt noſtre ſubſtance?
Adiouſtõs que l'amour vniſſãt l'hõme à Dieu
Luy fait voir clairement l'eſſence de l'eſſence
Dans le lieu ſur tout lieu.

X.

O Dieu! que i'ay de ioye, & que i'ay de faueur
De ne pouuoir entendre en ma grande ferueur
Cet Eſtre magnifique!
Si ie le comprenoi il ne ſeroit ſi grand,
C'eſt le rauiſſement de l'eſſence Angelique
Dans le Ciel l'adorant.

XI.

Ie ne veux plus parler de ceste Trinité,
Ie ne veux plus penser à la simple vnité
   Qui mon cœur extazie;
Mais ie veux la seruir, l'aymer & l'admirer
Et dans la mort d'amour (des Seraphins la
   vie)
   Bien-heureux expirer.

XII.

C'est mourir que de viure, à ce monde pensant,
C'est viure que mourir pour l'objet rauissant
   De ma beatitude:
Qu'on me laisse tout seul auec la Trinité,
Ie veux mourir d'amour en ceste solitude
   Pour viure en l'vnité.

CANTIQVE XLVI.

I.

Tout ce que l'œil peut voir & l'esprit peut
   cognoistre,
Et tout ce qui semble estre en l'vn & l'autre
   lieu,
Tout ce qu'on peut penser & qui n'est point
   mon Dieu,
   Tout cela n'a point d'estre.

SPIRITVELS. 163

Dieu seul, premier estant, & de qui l'e-
 xistance
Souueraine, immuable, est eternelle en luy
Auant cet vniuers, comme elle est auiour-
 d'huy,
  Contient la vraye essence.

III.

Celuy que i'ayme est VN, son vnité diuine
A rauy mon esprit d'ineffables amours,
Dans le cœur de son verbe il nous ayma tou-
 siours
  Auant nostre origine.

4.

Estant seul en essence il n'est pas solitaire
Car dans le sein fecond de sa Diuinité
Il comprend en trois noms vne simple vnité
  Paradis du mystere.

V.

Ce ne sont pas trois Dieux mais vn Dieu par es-
 sence;
En son estre parfaict ie voy trois vnitez,
Vn Royaume eternel non trois eternitez,
  En trine subsistance.

VI.

Trois personnes ie vois, ou trois suppos ensemble,
Vne substance vnique, estant son vray sejour
Et sa vie & sa gloire, vn ternaire qu'amour
  Dedans vn estre assemble.

VII.

Dans le Palais doré de l'Eternité belle
Dieu regne triomphant au sein de l'vnité,
Car les trois ne sont qu'vn en la Diuinité
    Comme la foy reuelle.

VIII.

Ie beny l'Eternel de ne pouuoir comprendre
Le secret de sa gloire en cet instable lieu,
Si nous croyõs qu'il est, au Ciel quel est mõ Dieu
    Nous pourrons tous apprendre.

IX.

Si de voir vn seul Dieu, c'est vn poinct impos-
    sible,
S'enquerir de ces trois, qui ne sont pas trois
    Dieux
Mais trois noms en vn Dieu, c'est d'vn œil cu-
    rieux
    Vouloir voir l'inuisible.

X.

Dans ce nuage espais où mon esprit se plonge
Pour adorer les trois au sein de l'vnité
Ie ne pense entreuoir de ceste Trinité
    Que l'image d'vn songe.

XI.

Ie n'en voy riẽ du tout, car voyãt quelque chose
De Dieu ie verrois tout en ce tenebreux lieu,
Car en l'estre eternel & diuin tout est Dieu,
    De tout estre la cause.

SPIRITVELS.

XII.
Belle ame qui (pasmee en l'extaze amoureuse)
T'imagines le voir au mystique trespas,
Un Ange tu peux voir, de Dieu ne voyant pas
    L'essence glorieuse

XIII.
Si tu voyois cet VN (qu'en tenebres i'adore)
Tu verrois bien ce trois qui regne en l'vnité,
Le Soleil eternel adore en verité
    Iusqu'au poinct de l'aurore.

XIV.
La nuict estant passee, & ceste aube nouuelle
Anonçant du Soleil le glorieux retour,
Au mystique Orient du celeste sejour
    Alors Dieu se reuelle.

XV.
Là tu vois le ternaire en l'essence premiere,
Et non plus dans la nuict de ceste obscurité,
En ce corps tu vois l'ombre, au Ciel la verité
    Au iour de la lumiere.

XVI.
Contemple bien ces trois au nuage mystique
En la nuict de la foy, dans ce funebre lieu,
Afin de voir vn iour face à face ton Dieu
    Au Verbe deifique.

XVII.
Ferme les yeux du corps & de l'intelligence,
En aspirant sans cesse au celeste sejour,

Ouurant l'œil de ton cœur regarde par amour
Ceste parfaicte essence.

CANTIQVE XLVII.

I.

EN ce doux Paradis où mon ame est rauie
  Sur le temps & le lieu,
Ie voy l'estre dans l'estre & la vie en la vie,
  Et Dieu mesmes en Dieu.

II.

Ie voy tout dans cet œil que le grand Roy su-
  presme
  Preste à ses chers esleuz,
Ne voyant rien en moy que mon neant extresme
  Ie voy tout en Iesus.

III.

Tout le beau, tout le bon, tout le parfaict encore
  Enclos en l'vnité,
Ie le vois en celuy que mon esprit adore
  Dedans la Trinité.

IV.

Ce qui fut, ce qui est, ce qui sera, sont choses
  Qui ne se disent point
Sinon improprement de la cause des causes
  Où mon cœur est conioint.

SPIRITVELS.

V.
Quoy donc la Trinité est elle dans mon ame,
  Et ie ne la voy pas?
En me voyāt en Dieu, dās son sein ie me pasme,
  En l'amoureux trespas.

VI.
Ie n'ay qu'vn cœur vnique, & ce cœur magnifique
  N'a qu'vn Dieu seulement,
Mourant il vit en Dieu mon espoux deifique
  Et mon parfaict amant.

VII.
I'adore vniquement ces trois que me reuelle
  Iesus Roy glorieux,
Et ie languis d'amour pour ceste vnité belle
  Inuisible à mes yeux.

VIII.
Ie ne sçaurois cherir aucun object sensible
  A mon cœur il desplaist,
Ie ne veux plus aymer que cet Estre inuisible
  Que ma foy recognoist.

IX.
Tous les objects creez ont biē quelque apparēce
  Et d'estre & de beauté,
Mais ils n'ē sōt que l'ombre, ayās to⁹ de l'essēce
  Tout leur lustre emprunté.

X.
Dieu seul est le tresbeau qui sa gloire reuelle

Aux Saincts en sa grandeur,
Tous les Anges ne sont, de son essence belle
Que l'ombrage ou l'odeur.

XI.

Les Anges & les Saincts en la celeste vie,
De Dieu sont embausmez,
Des parfums de Iesus, ils ont l'ame rauie;
Ses Iosephs bien-aymez.

XII.

Comme l'onguent d'Aaron ainsi que la rosee
De son beau chef descend
Sur sa barbe, & sa robbe en est toute arrosee
Du parfum rauissant:

XIII.

Ainsi de Iesus-Christ, l'odeur aromatique
Coule aux esprits heureux,
Que le sein du trin vn à son corps communique
Par le verbe amoureux.

XIV.

Tout le Ciel est rauy dans l'odeur rauissante
De la trin'vnité,
Elle est tousiours nouuelle & sans fin renais-
sante
En toute eternité.

XV.

Mon ame en ces bas lieux vid à l'odeur celeste
De ses onguents diuins,

L'Ange

L'Ange pasmé d'amour quand Dieu luy manifeste
Ses amours souuerains.

XVI.

Nous sommes trop heureux de viure en ceste vie
De ses douces odeurs,
Afin d'auoir au Ciel l'ame toute rauie
En voyant ses grandeurs.

CANTIQVE XLVIII.

I.

DAns l'aymable cachot de ceste solitude
Iettons l'œil de l'esprit dedans la ple-
nitude
Beau sein de l'vnité;
Ce sein grand & fecond, est gros & plein
encore
(Auant l'estre de tout) de ceste Trinité
Qu'en vnité i'adore.

II.

Dans ce germe diuin qu'engendre la pensee
Du pere, & dont l'amour procedde sans idee
Tout ineffablement;
Nous adorons des trois le tres-caché mystere,
Comme vn estre parfaict qui regne absolumẽt
En ce diuin ternaire.

III.

Du trois misterieux toute essence est remplie,
Par la simple vnité toute chose accomplie
    Tient son rang & son lieu:
Sans ce beau tout du tout, est vuide toute essence,
Ce ternaire est vn tout, & ce tout est mon Dieu
    Plein de magnificence.

IV.

Ie n'en puis rien penser & i'en veux beaucoup
    croire,
Il est plein de grãdeurs, de lumiere & de gloire,
    De sagesse & d'amour,
Il est plein de soy-mesme, & ceste plenitude
N'est autre que ces 3. qui sont leur mesme Cour
    Et leur beatitude.

V.

Trois fleuues en vn fleuue, & qeul est ce mi-
    stere
Sinon l'essence vnique & non pas solitaire
    Du Pere, Esprit & Fils?
Ce fleuue regorgeant des eaux de son essence
Tres-fecond communique à tout le Paradis
    L'huille de Sapience.

VI.

Et comme il est tres-plein de son essence belle
De toute eternité, dans le temps il reuelle
    A ses heureux esleuz
Sa puissance infinie & sagesse & clemence

Pour les glorifier dans le sein de Iesus
L'essence de l'essence.

VII.

Le verbe est Dieu de Dieu, lumiere de lumiere,
Comme estant engendré de l'essence premiere
    Auant l'aube du iour,
De ces deux procedant vn S. Esprit supresme
Qu'on nomme Paraclet ou le diuin amour,
    Ces trois sont vn Dieu mesme.

VIII.

Ces trois sont du tres-haut la saincte plenitude,
Et l'vnité parfaicte est la beatitude
    Du Pere, Esprit & Fils.
Qu'est-ce que Dieu Trin'vn? vne gloire supresme,
Ceste gloire eternelle est le vray Paradis
    De son essence mesme.

IX.

Dieu luy-mesme est son Louure & sa paix & sa vie,
De sa magnificence est contente & remplie
    Son essence tousiours,
Il n'est qu'amour & gloire, il est sa plenitude,
Les Anges & les Saincts en ses pures amours
    Ont leur beatitude.

X.

Il regne dãs soy-mesme, il est le Roy des Anges,
Il est le Dieu de Dieu, c'est le Dieu des Archãges,

CANTIQVES

De tous les Saincts le Roy.
Le seruir c'est regner au Paradis supresme,
Qui luy desobeït tres-malheureux en soy
Il trouue l'enfer mesme.

XI.

O trop heureux qui sert la Trinité parfaicte,
Et non qui la contemple en l'oraison abstraicte
Sans la vouloir seruir:
A l'aymer & seruir, bien-heureux qui s'em-
braze!
Ie voudrois bien tousiours en elle me rauir
D'vne pareille extaze.

CANTIQVE XLIX.

I.

EN priant vne nuict dans vn lieu solitaire
Et de la Trinité contemplant le mystere
Dans vn diuin broüillats,
Mon esprit fut rauy dedans le Ciel supresme
Qu'on nōme l'empyree ou bien le Ciel troisiesme,
Où Dieu ie ne vy pas.

II.

Ayant l'ame tranquille en ce lieu du silence
Ie n'auois plus d'esprit, de cœur, d'intelligence
Sinon pour l'adorer:

Ie vy la Reine assise en son throsne celeste,
Une tourbe de Saincts à moy se manifeste
 Pour sa gloire l'admirer.
III.
Trois chœurs apparoissans à ma debile veüe
Mon cœur est tout ioyeux, mon ame toute es-
 meüe
 Desire de voir plus:
Mon esprit meurt d'amour, heureusement ma-
 lade
Du grand desir de voir la diuine Triade
 Dans le sein de Iesus.
IV.
En ce vol amoureux, de ma foible pensee
Au cœur du verbe aymé sainctement eslancee
 Ie ne pouuois parler,
Mais mon cœur respiroit dans l'ardante priere
Qui de la Trinité l'inuisible lumiere
 Me pourra reueler?
V.
Vn Ange deputé de la part du Ternaire
Des esprits plus sçauans aux secrets du mystere
 Me dist à haute voix
Rentre dans ton neant en ta nature mesme,
Car tu ne sçaurois voir la nature supresme
 De ce grand Roy des Rois.
VI.
Les plus hauts Seraphins en voyant son visage

Se couurent de leur aisle, ils seruent de nuage
 Et de Char glorieux
Pour porter ce grand Roy qui porte tout le
 monde,
Dont l'essence admirable est vnique & feconde,
 Aux trois misterieux.

VII.

Alors en adorant la grandeur eternelle
Qui sans se reueler à mon cœur se reuelle
 Comme dans vn miroir,
Ie luy dis, & comment verrois-ie ceste essence
De mes prophanes yeux, si sa magnificence
 Vos yeux ne peuuent voir?

VIII.

Ie ne peux (me dit-il) ceste cause premiere
Voir de mes propres yeux sans la viue lumiere
 Des yeux du verbe aymé;
Ainsi ce grand Soleil n'est veu que de luy-
 mesme,
Ainsi nous l'adorons en l'extazé supresme,
 D'vn esprit enflammé.

IX.

Retourne donc au corps duquel selon l'essence
Tu n'estois pas sorty, mais selon la puissance
 Dans l'amoureux excez,
Et dedans ton neant adore la nature
Lequel de rien creant chacune creature,
 Pour luy tous nous a faicts.

SPIRITVELS.

X.

À mon retour du Ciel en la mouuante argile
Ie ressentois encor' ce silence tranquile
  Auquel Dieu m'auoit mis;
Et me restant vn goust de la bonté celeste
Toute chose sembloit à mon ame funeste
  Pensant au Paradis.

II.

Grãd Dieu, ie vous adore, ô belle essence vnique
Vous estes mon vray Dieu, mon esprit extatique
  Ne veut plus rien que vous:
La gloire soit au Pere, au S. Esprit encore
Au Fils qui se fist homme afin d'estre l'espoux
  De mon cœur qui l'adore.

CANTIQVE L.

VOL D'ESPRIT.

I.

DEdans ce doux vol de mon ame
En ne voyant rien ie voy tout,
Ie voy ce qui les Anges pasme,
Sans principe, milieu ny bout.

II.

Ie voy le grand estre de l'estre,

Ie voy ce que l'œil ne peut voir,
Ie voy ce qu'on ne peut cognoistre,
Dedans vn mystique miroir.

III.

Ie voy la hauteur solitaire,
I'entreuoy l'esprit des esprits,
I'enten d'vn moyen salutaire
L'estre des Anges incompris.

IV.

Icy mourant l'intelligence
Qui n'entre en ce diuin sejour,
Ie voy l'essence de l'essence
Par les yeux voilez de l'amour.

V.

Ie voy tout d'vne seule veüe,
Et voyant tout ie ne voy rien,
Ie voy dans vne belle nüe
Mon tout & mon souuerain bien.

VI.

I'en vois vn, & puis deux encore,
Ie n'en voy deux sans en voir trois
Ny trois sans cet VN que i'adore;
Tu le vois bien si tu le crois.

VII.

Croyons en trois de foy trespure,
Adorons vn Dieu seulement,
Ces trois ne sont qu'vne nature,
Ie les vois en rauissement.

SPIRITVELS.

VIII.

Ha! qu'ils sont beaux! mon œil fidelle
Est tout rauy de leur beauté;
Leur simple vnité se reuelle
Au cœur remply de pureté.

IX.

Leuez l'esprit, fermez la veuë,
Ouurant l'œil de la saincte foy
Vous verrez dedans vne nüe
Vostre Dieu, des Anges le Roy.

X.

Voyant vn rayon de lumiere
Dans l'ombrage mysterieux
Adorez l'essence premiere
Qui regne au throsne glorieux.

XI.

Du monde perdant la memoire,
En Dieu iettant l'œil de l'esprit
Rauy d'amour, donnez luy gloire
En l'adorant en Iesus-Christ.

XII.

En vostre ame sont trois puissances
Comprises dedans l'vnité:
Et ceste essence des essences
Est tres-simple en la Deïté,

XIII.

Donnez l'vne à l'vn tres-vnique

Non pas au monde malheureux,
L'vn est la fin de la musique
Dieu (simple esprit) n'ayme le deux.

XIV.

Aymant l'vnité desirable
Donnez vous à la Trinité.
Elle vnira vostre ame aymable
Auec sa parfaicte vnité.

XV.

Ainsi vostre ame saincte & belle
Sera faicte dés ce bas lieu
L'espouse & l'amante eternelle
Des trois personnes & d'vn Dieu.

CANTIQVE LI.

I.

Rauy dans ce brouillats où la simple igno-
rance
Void plus que l'œil ne void, ny que le cœur ne
pense,
En vn lieu sur tout lieu,
Esleué sur tout temps, tout terme & tout es-
pace,
Par dessus la nature, au sejour de la grace
I'entrevoyois mon Dieu.

SPIRITVELS.

II.
Ie ne sçay que ie dy, ie croy que ma pensee
D'auoir veu cet object est encor insensee,
    (Object qui me rauit)
Ne vous estonnez pas si sortant de l'extaze
La pauurette en parlāt du sujet qui l'embraze
    Dit plus qu'elle ne vit.

III.
Si vous luy demandez ce que sa foible veüe
Cognut en vn instant dans la celeste nüe,
    Elle dit i'en vy trois
Non, elle n'en vit qu'vn, ou bien ces trois mi-
    stiques
En l'estre ne sont qu'vn, que les chœurs An-
    geliques
    Chantent Sainct par trois fois.

IV.
Que le nombre de trois est remply de mistere!
Ie ne puis en parler & si ne m'en peux taire;
    Mais vn nombre il n'est point,
Ou bien si c'est vn nombre, en l'vn il se termine,
Son ombre me rauit, sa nature Diuine
    En l'vn le trois conioint.

V.
Dans le centre parfaict de ce tout ineffable
Il n'y a lieu ny temps, il est immesurable,
    Sans principe & sans bout,
De toute creature il est le vray principe,

H vj

Il est tout, il est verbe & non point participe,
  Estant le tout du tout.

VI.

Comme estant infiny, dans soy seul il existe,
Comme estant eternel, son estre ne consiste
  En instables momens ;
Il est l'estre de l'estre, & n'est vn estre encore
Tel que nous le pensons, sa substance deuore
  Tous les entendemens.

VII.

Ie voudrois entreuoir, sans offenser la gloire
Du Roy de l'vnité (que sans voir il faut croire)
  Ces trois mysterieux :
Tu ne les sçaurois voir sans contempler Dieu mesmes
Ny voir ceste vnité sãs voir les trois supresmes,
  Mais on les void sans yeux.

VIII.

Fermant les yeux du corps & de l'esprit ensemble,
Ouure l'œil de la foy, regarde, admire & treble,
  Et puis ne voyant rien
Profere asseurement ce salutaire oracle,
Ne voyãt riẽ du tout i'ay tout veu par miracle
  En mon souuerain bien.

IX.

I'ayme mieux ce brouillats où sont toutes les choses

SPIRITVELS.

I'ayme mieux ce broüillats où la cause des causes
    Ie crois & ne voy pas.
Que le Soleil du monde & la beauté celeste,
Sinon celle de Dieu qui se rend manifeste
    Apres vn doux trespas.

X.

Voila ce que i'ay veu dans le vol de mon ame,
Voila ce que ic croy, voila ce qui me pasme,
    Qu'est-ce? ie vous le dis,
C'est que, ne voyāt riē dās ce broüillats mistique
Ie voyois seulement par vn œil deifique
    L'ombre de Paradis.

XI.

Adieu monde, Adieu gloire, Adieu plaisir immunde,
Mon esprit ayant veu le grand monde du mōde
    Au nuage Diuin
Ne sçauroit plus penser aux vanitez mortelles
Mais voler seulement aux voutes eternelles.
    Beaux nids du Seraphin.

XII.

Ternaire glorieux, ô nature eternelle,
Mon ame est vn Corbeau, faictes la Colōmbelle
    Pour voler dans les Cieux:
Ne voulant contempler fixement ce mistere
Ie vous veux adorer d'vne foy salutaire
    Sans esprit & sans yeux.

CANTIQVE LII.

I.

Solitaire hauteur, sainĉte horreur rauissãte
silence glorieux,
Beau sein des Seraphins, ombre resplendissante,
Douce mort de nos yeux,
Extaze des esprits, iusqu'à vous ma pensee
Ne peut estre eslancee.

II.

Ie cognois par la foy que vous estes Dieu mesme
Qui ne peut estre veu,
De vos pures clartez vn seul rayon supresme
Ayant l'ame entreueu,
En vn petit moment il se change en nuage
Dans le mistique ombrage.

III.

L'œil de l'entendement, par la main de mon
Ange
Estant fermé ie vois
Par celuy de l'amour vn object qui ne change
Et soudain i'en voy trois,
Ie dy trois purs rayons au Soleil qui m'em-
braze
Et me met en extaze.

IV.

J'admire cet objet en ceste prison noire
  Dans le divin miroir,
Dieu me donne vn esprit pour adorer sa gloire
  Non des yeux pour le voir,
Ie l'ayme purement, mon cœur en ce lieu sombre
  Void son Soleil à l'ombre.

V.

Le propre de l'effet est d'adorer sa cause
  Les Anges rauissant,
Qu'importe à mon esprit de cognoistre la chose
  Dont il est iouyssant?
Si fay, ie la cognois par foy dedans la nüe
  Et non pas de la veüe.

VI.

O prodige nouueau! ie suis tout dans l'essence
  De mon souuerain bien,
Mon esprit est compris de sa pure substance
  Sans en comprendre rien;
Ie le croy, car ce tout que Dieu mesme on apelle
  Au rien ne se reuelle.

VII.

Les esprits separez de forme & de matiere
  Ne le voyent aux Cieux
Qu'autant que leurs beaux yeux reçoiuent de lumiere
  Du verbe glorieux,

Les ardans Seraphins se couurent de leur aisle
Deuant sa face belle.

VIII.

Dieu ne seroit pas Dieu si nous pouuions com-
 prendre
 Son estre sur-estant,
En l'eschole du Ciel nous le pourrons apprēdre,
 Aucun iamais pourtant
N'est parfaict au sçauoir dont l'essence infinie
 La maistrise desnie.

IX.

Les Anges & les SS. qui voyent ceste Essence
 N'en pouuant penetrer
Dans les cachots diuins l'oculte cognoissance
 Ne font que l'admirer,
Trouuant dans les grandeurs qu'ils ne peuuent
 cognoistre
 Le parfaict de leur estre.

X.

Le secret du secret, l'abisme de l'abisme
 Est ceste Trinité,
C'est vne mer sans fōds, le Ciel du Ciel sublime
 Que trois en vnité,
L'aymer & l'adorer sans le voir c'est la vie
 De mon ame rauie.

XI.

Ce n'est pas vn grād heur de penser & d'escrire
 De ce sujet heureux,

SPIRITVELS.

C'est vn bien desirable à l'ame qui l'admire
D'vn cœur tout amoureux,
De mourir en seruant la Trinité parfaicte
Pour laquelle elle est faicte.

CANTIQVE LIII.

I.

O Seigneur eternel, eternité de l'estre,
Principe souuerain, ie ne vous puis co-
gnoistre,
Si fay ie vous cognois
Mais ie ne sçaurois voir vostre estre inaccessible
Ou bien ie l'entreuoy dedans l'œuure sensible
Et par foy ie vous vois.

II.

Plus vous vous reuelez & plus ie vous ignore,
Tant moins ie vous cognois & mieux ie vous
adore
Dans vn lieu sur tout lieu;
Tout ce qui n'est point vous, me semble le rien
mesme,
L'infiny contient tout en son estre supresme
Qui n'est autre que Dieu.

III.

Vostre regne est parfaict, vos grandeurs nompareilles,

De voſtre eſtre diuin la foy dit des merueilles
  Dans vn ſilence heureux;
Elle faict reſonner doucement ce Cantique,
Le Pere eſt vne eſſence auec ſon Fils vnique
  Et l'eſprit amoureux.

I. V.

Les Aſtres du matin, des la premiere aurore
Chantent diuinement ce trin'vn que i'adore,
  Le verbe leur parlant,
Le Soleil influant vn rayon de lumiere
Ils adorent ſans fin ceſte eſſence premiere
  Qui ſe va reuelant.

V.

Cet Aſtre glorieux qui contient toutes choſes
Verſant au poinct du iour & les lys & les roſes
  De l'eternel printemps
Sur les Anges rauis, à chanter les inuite
Les grandeur de celuy qui dans ſoy-meſme ha-
  bite
  Auant l'aube du temps.

VI.

O le plaiſant matin que chanter les loüanges
De la Trinité ſaincte auecques tous les Anges!
  O le diuin mi-iour!
O la belle veſpree où toute ame eſt rauie!
Donnez luy ſon vray nom, c'eſt l'eternelle vie,
  De Dieu meſme le iour.

VII.

Anges) que faict le Pere au sejour de plai-
 sance?
Il parle à sō doux verbe & par leur cōplaisance
 Au S. Esprit, ces deux:
Ils ne parlent que gloire, amour & Sapience;
Le Paradis escoute auecques reuerence
 Ce discours amoureux.

VIII.

Qu'est-ce que Paradis? est-ce vn Ciel empiree?
Des Anges & des Saincts la troupe biē-heuree
 Et la Royne des Cieux?
Ce petit Paradis tire son excellence,
Tout son estre, sa gloire & sa magnificence
 Du grand Roy glorieux.

IX.

Le Pere regne au Fils, & le Fils regne encore
Au Pere, & cet Esprit qu'auec eux on adore
 Regne au Pere & au Fils:
C'est vn diuin Royaume, vne esgalle puissance,
Vne Majesté simple, vne magnificence,
 Vn regne, vn Paradis.

X.

Les Anges & les Saincts contemplant cet Em-
 pire
En l'vnion parfaicte, vn chacun d'eux admire
 L'vnité dans les trois:
Des Royaumes mondains perdāt toute memoire

Ils adorent IESVS, deuant sa saincte gloire
　　Les Rois ne sont pas Rois.

XI.

Sans cesse dans le Ciel les Seraphins enton-
　　nent
Ce beau trisagion Sainct, Sainct, Sainct, que
　　resonnent
　　Tous les Saincts auec eux,
Confessant que Dieu seul est Sainct, par son es-
　　sence
Glorifiant les cœurs dans la magnificence
　　Du trin' vn bien-heureux.

XII.

Le Pere donne gloire & le Fils magnifie
Les Courtisans du Ciel, l'esprit les sanctifie;
　　Dieu les rend glorieux;
Ils redisent sans fin, comme vn Escho mistique
Gloire soit aux trois noms, mais à l'essence vni-
　　que,
　　Vn seul & non trois Dieux.

CANTIQVE LIV.

I.

Contemplant vne nuict ceste cause des
　　causes

SPIRITVELS.

Qui des cachots du rien tira toutes les choses
    Ie disois en esprit
Celuy qui crea tout par son verbe adorable
Est l'vnité parfaicte en ce nombre admirable
    Qui les Anges rauit.

II.

Mon Esprit n'entēdoit ce que disoit ma bouche,
Dieu parloit à mon cœur, qui ressentant la
    touche
    De la main du tres-haut
Proferoit doucement en la langue des Anges,
Deuant ce grād trin'vn meuret toutes loüāges
    Et tout esprit defaut.

III.

Il est celuy qui est, deuant luy tout se pasme,
Aduoüant nostre riē nous luy dressons en l'ame
    Des amoureux autels:
Pour dire ce qu'il n'est, chātons nostre non-estre,
Pour dire ce qu'il Est, il ne faut plus paroistre
    Au nombre des mortels.

IV.

Oyant dire il est Dieu, ne pouuant pas com-
    prendre
Cet Estre sur-estant, il faut l'aller apprendre
    En l'eschole des Cieux;
Voyant qu'il a trois noms & vne simple essence,
Ie n'ay dans ce Soleil plein de magnificence
    Plus de raison ny d'yeux.

V.

Mon esprit est petit, ce n'est pas grand miracle
Qu'il soit ravy pensant à ce divin spectacle
    Qui pasme tout esprit:
Les brillans Cherubins ne contemplent sa face
En luy directement, mais dans la pure glace
    Du verbe Iesus Christ.

VI.

Il est grand, il est sainct, il est bon par son estre,
Il est tout par soy-mesme & seul se peut co-
   gnoistre
    En soy totalement;
Car le seul infiny, l'infiny peut entendre,
Et le seul eternel l'eternité comprendre
    Par son entendement.

VII.

Comment l'esprit au temps le pourroit il co-
   gnoistre
Que dans l'eternité l'Ange ignore son estre
    Dans l'abisme caché?
Il en cognoist autant que l'essence premiere
Pour son propre salut luy donne de lumiere
    Au sein de Dieu couché.

VIII.

Pour vne ombre entreuoir, de la verité claire
De ce Soleil des cœurs que l'on void en mistere
    Par les yeux de la foy,
Disōs quedās la nuict nō sombre, mais mistique

L'Archange voyãt Dieu, dãs l'estat extatique
Il adore son Roy.

IX.

Les yeux & les desirs, les vœux & la parole
De l'esprit bien-heureux que le trin'vn console
En ceste vision,
Ce ne sont riẽ qu'amour, qu'extazes salutaires,
Que purs rauissemens, accomplis aux misteres
De l'adoration.

X.

Il se fait dans le Ciel vn silence d'vne heure,
Au sein de ce repos il faut que tout se meure
Pour viure au Dieu des Dieux:
C'est vne saincte mort, c'est vne heureuse vie
Que d'auoir au Seigneur ainsi l'ame rauie
Au baiser glorieux.

XI.

Quelle conception! pardonne moy (chere ame)
Si ie te dy qu'au Ciel encores on se pasme
Non de mort mais d'amour:
L'Ange qui m'a parlé, me parle & dit encore,
Dieu luy seul est viuãt, tout mortel qui l'adore
Vit au diuin seiour.

CANTIQVES LV.

I.

LE riē parlāt au tout, luy dit en son exeez,
Mon Dieu vous estes Dieu, mon Soleil, mon
 aurore,
Mon printemps & mes fleurs & mō beau iour
 encore,
 Mon Amour pour iamais,
Mon tout, mon Paradis, ma liesse & ma vie
 Où mon ame est rauie.

II.
Mon Soleil dans le Ciel faict tousiours vn prin-
 temps,
Beau Soleil sans aurore, aube tousiours naissāte,
Les Anges sont ses fleurs de senteur rauissante;
 Son iour n'a point de temps,
Son temps n'a point de terme, & son amour su-
 presme.
 Est l'Eternité mesme.

III.
Ie voy trois eternels dans vne Eternité
Mais vn seul eternel regne dans ceste essence;
Ie voy trois beaux amans dans vne cōplaisance
 En parfaicte vnité;

Mais

Mais ce trois & cet VN, à nul ne se reuelle
  Qu'en la gloire eternelle.
IV.
I'entreuoy l'inuisible en ce tenebreux lieu,
Et ie le voy sans yeux au sejour solitaire,
Ie vois vn grand secret, d'vn œil plein de mi-
  stere,
  Qu'est-ce si ce n'est Dieu?
Ie ne sçay pas que c'est ; son ombre rauissante
  M'estonne & me contente.
V.
O que les faicts de Dieu sont grands & mer-
  ueilleux!
Ie n'eusse pas pensé que ce broüillats mistique
Eust fait voir à mon ame vn obiect deifique
  Que ie voy sans mes yeux,
On ne peut contempler ceste vnité supresme
  Que par l'œil de Dieu mesme.
VI.
L'Ange n'a point de corps, aussi n'a il point
  d'yeux
Pour voir ce pur obiect de l'essence premiere,
Dieu luy preste les siens, pour voir ceste lumiere:
  Le verbe glorieux
Est cet œil cristalin par lequel il contemple
  La gloire de son temple.
VII.
(Anges) que voyez-vous, esleuez sur tout tēps,

Surtout lieu, sur tout estre & sur l'intelligēce?
Nous voyons Dieu de Dieu, l'essence de l'essence,
  Cet eternel printemps
Qui fait fleurir sans temps & les lys & les
 roses
  Et mille belles choses.

VIII.

Que vous auez de ioye en l'Eden precieux
Où vous voyez tousiours le bel arbre de vie!
Pres le courant des eaux ayant l'ame rauie
  Dans le sein glorieux
Vous adorez sans fin le trin' vn salutaire,
  Vn & trois par mistere.

IX.

Vous voyez le Soleil en sa pure splendeur,
I'entreuoy ses rayons dedās vn lieu fort sombre,
Ie le voy sans le voir, mais s'il me pasme à
 l'ombre
  De sa saincte grandeur
Que ferois-ie voyant sa face rauissante
  Qui tous les Saincts contente?

X.

Pensant à sa beauté, ie ne m'estonne pas
Si mon ame à l'instant est tiree en extaze,
Puisque le Seraphin dans le Ciel elle embraze
  De si charmans appas
Que s'il estoit mortel il mourroit bien pour elle
  Quand elle se reuelle.

XI.

Dans ce diuin souspir que l'esprit amoureux
Dans le sein eternel incessamment respire
Il trespasse à l'instant, mais en ce qu'il expire
Il est faict bien-heureux,
Trouuant en ce trespas sa gloire salutaire
Dans le viuant ternaire.

CANTIQVE LVI.

I.

Mon Ame meurt d'amour, meurt de la mort des Anges,
O merueilles estranges!
Elle rit en mourant pour ceste Trinité
Qui ne m'oste la vie
Que pour la rendre heureuse au sein de l'vnité
Qui me l'auoit rauie,

II.

Donnez vostre ame au monde elle mourra sans doute,
A Dieu donnez la toute
Elle viura contente au cœur de Iesus-Christ:
La douce tromperie
Que m'a faict l'amour! il a pris mon esprit
Par la main de Marie.

III.

La Vierge ayant mon cœur, à Dieu qu'elle le rende
    Ie luy donne en offrande,
Il est creé pour viure au sein de l'vnité;
    Las! il est mort sans elle
Mais il vid dans le cœur de ceste Trinité
    Que l'Esprit on appelle.

IV.

Deux contraires effets cõbattent dans mõ ame,
    Ie vis & ie me pasme,
Ie languis de ne voir mon obiect glorieux,
    Ie vy d'amour encore;
Ainsi ie vois ensemble en vn momẽt, sans yeux
    Et la nuict & l'aurore.

V.

Ie voy dans ceste nuict misterieuse & sombre
    Mon beau Soleil à l'ombre:
Mon Aurore est la foy qui me faict entreuoir
    Ce midy qui m'embraze:
(Amour) iamais mon cœur ne vous pourra-il voir
    Dans l'eternelle extaze?

VI.

Ie ne sçay pas pourquoy vostre bonté celeste
    Alors ne manifeste
Ceste belle vnité pour laquelle ie meurs:
    C'est pour me faire entendre

Que ie ne puis gouster les diuines douceurs
Sans tout amour me rendre.

VII.

Seigneur, s'il est ainsi, faictes qu'vne estincelle
De vostre œil se reuelle
A mõ cœur pour le faire vn Seraphin d'amour,
Afin que ma pauure ame
Mourant trouue la vie en ce viuant seiour
Dans lequel elle pasme.

VIII.

Mon cœur plus en liesse heureusement abonde
Qu'vn Monarque du monde,
Voyant qu'il n'ayme rien que ceste Trinité,
Ne la pouuant comprendre
Mon esprit d'adorer le trois en l'vnité
Veut seulement apprendre.

IX.

La foy me l'apprendra, Iesus l'espoux fidelle
A mon cœur se reuelle
Afin d'illuminer l'obscur entendement,
Tout le reste est folie,
Mais tressage est l'amour qui par vn nœud charmant
A Iesus Christ nous lie.

X.

Me iettant à ses pieds, humblement ie l'adore,
De là ie passe encore
A son sacré costé pour y mourir d'amour;

De ceste saincte couche
I'espere d'arriuer par son merite vn iour
Au baiser de la bouche.

XI.

Dans ce viuant baiser ie voy mille & mille
 Anges
  Fondre tout en loüanges,
Ie voy dix mille Saincts rauis en ce baiser,
 I'y vois vne MARIE
Qui n'estant rien que feu peut mon ame em-
brazer
 Et la rendre rauie.

XII.

Ie voy le bel Aigneau droict au throsne celeste
 Qui Dieu leur manifeste;
I'esleue mon esprit vers l'obiect glorieux,
 Mais l'Ange me faict signe
D'adorer le trin'vn, de le voir de mes yeux
 N'estant encore digne.

CANTIQVE. LVII.

I.

IL y a sur tout estre vn Estre sur-estant,
Il y a sur l'essence vne supresme essence,
Vne vie, vne paix, vne magnificence,
 De soy-mesme existant;

Qu'est-ce là ? ie ne sçay, c'est vne essence nüe
   D'elle seule cognuë.

II.

Les Anges ne sont purs deuant cet acte pur,
Ces Astres du matin l'anoncent dés l'aurore,
La lumiere est tenebre & le Soleil encore
   A ses yeux est obscur,
Tout estre est reuestu d'vn habillement sombre,
   Est impur & n'est qu'ombre.

III.

Ie sçay bien qu'il est Dieu, mais il est par exces
Tres-pur, tres-beau, tres-sainct, abstraict de la
   nature;
Les Anges ne verroient son essence tres-pure
   Si Dieux ils n'estoient faicts,
Dieux dis-ie par la grace & la simple lumiere
   De l'essence premiere.

IV.

Ces purs entendemens ne viuent dans les Cieux
Que du sacré regard de l'intellect supresme,
Mais ils trēblēt rauis en regardāt Dieu mesme,
   Et leurs debiles yeux
Ne peuuent contempler vne si belle chose
   Qu'a l'attraict de la cause.

V.

En l'adorant tousiours dans l'amoureux excez,
Ce grand Roy leur faict signe & tout bon les
   appelle,

Leur presentant le sceptre à leurs yeux se re-
uelle
    Et les rend pour iamais
De grands Rois dans le Ciel, par vn diuin mi-
stere
    Comme Hester, Assuere.

VI.

Si nous voulons regner vn iour dedans les Cieux
Il faut estre en opprobre au monde sur la terre,
Pour ioüir de la paix il faut faire la guerre;
    Ce grand Roy glorieux
Iamais au cœur humain par amour ne se lie
    Que lors qu'il s'humilie.

VII.

Mais quel diuin nuage entreuoy-ie la haut
Au dessus du Soleil qui m'esbloüit la veüe?
Ie ne puis contempler fixement ceste nuë
    Car l'esprit me defaut;
I'entreuoy vn Soleil au secret de son ombre,
    Non, ils sont trois en nombre.

VIII.

Ce nombre est sur tout nombre, & sa simple
    vnité
Surpasse des mortels la haute intelligence,
Tous les Anges des Cieux auec leur Sapience
    Et leur subtilité
Ne sçauroient penetrer le rauissant abisme
    De ceste mer sublime.

IX.

Ie ne sçay pas que c'est, ie croy que c'est mõ Dieu,
L'vnité me rauit & le trois m'espouuante,
Ceste essence est trop belle & par trop rauissante
   Que i'admire en ce lieu
Pour la voir fixement, ce Soleil dés l'aurore
   Me pasme & ie l'adore.

X.

A genoux (tous mes sens) mõ ame & mõ esprit,
A genoux, tous les Saincts, à genoux, tous les
   Anges,
A genoux (Vierge mere & Royne des Ar-
   changes,
   Adorons Iesus-Christ,
Le Pere dans le Fils, en eux l'esprit encore,
   Sus que chacun l'adore.

XI.

En ceste vision i'ay veu tant de secrets
Que ie veux desormais à tout fermer la veüe;
I'ay veu trois grands Soleils dãs vne belle nuë;
   Mais ie dis en excez
Non ce n'est qu'vn Soleil en tres-pure substãce,
   Et trois en subsistence.

XII.

Fermez vous donc (mes yeux) à tous obiects hu-
   mains,
Pourriez vous regarder quelque chose en la vie
Ayant veu ce trin'vn qui rend l'ame rauie

CANTIQVES

Et tous les Cherubins?
Vn cœur ne peut aymer aucun obiect supresme
Quand il a veu Dieu mesme.

CANTIQVE LVIII.

I.

Dy moy qu'est-ce que Dieu? ie le voudrois apprendre
Afin de l'adorer auec toy nuict & iour,
C'est vn Estre caché que ie ne puis comprendre
Qu'en la forme d'amour,
L'hōme ne le peut voir que par cet œil mistique
Qui va deifiant la nature Angelique.

II.

Si vous voulez sçauoir ce que i'ayme en ce monde?
C'est le ternaire sainct qu'adorent les Esprits:
Helas ie meurs d'amour pour l'vnité feconde,
Dont l'Archange est espris:
Le principe eternel le verbe vnique engendre,
Ces deux vne vnité que ie ne puis comprendre.

III.

Ie regarde ces trois pour aymer l'vn supresme,
Et ie cheris cet VN, pource qu'il est mō Dieu;
Mais ces trois vnitez sont vne vnité mesme
Sans principe & sans lieu,

Icy se perd le sens & meurt l'intelligence,
Icy l'Ange defaut, icy la foy commence.
IV.
Pour l'aymer ie veux bien perdre sens & me-
moire,
Iugement & raison, en ce mortel sejour:
Pour vn objet finy ce n'est pas grande gloire
Que d'auoir de l'amour,
Mais aymer l'infiny en y pensant se pasme
Dans vn doux Paradis l'intelligence & l'ame.
V.
Il faut estre orgueilleux d'vn orgueil salutaire,
Il faut tenir le monde au dessous de nos pieds,
Il faut tout mespriser pour le diuin ternaire,
Auoir les sens liez
Afin de les vnir à l'vnité celeste.
Qui les trois manifeste.
VI.
Ces trois sõt vn seul Dieu qui n'est pas solitaire,
Cet VN, m'est plus que mille, estant VN il est
tout,
IESVS disoit à Marthe vn seul est necessaire,
Sans principe & sans bout
Il est le tout du tout, le Paradis de l'ame
Qui l'adore, qui l'ayme & dãs sõ sein se pasme.
VII.
Pour estre bien contens ne cherchons plusieurs
choses;

Cherchons l'VN seulement, nous en trouuer-
   rons trois,
Et ces trois ne sont qu'vn, c'est la cause des
   causes
     Qu'à l'ombre i'entreuois,
L'Esprit est hors de soy dans ce diuin ombrage
Voyant les pieds de Dieu, mais non pas son visage.

VIII.

L'Eternel a mis l'hõme en ceste humaine masse
Pour chercher son visage & non pour l'entre-
   uoir,
Estant dedans le Ciel, sa glorieuse face
     Au verbe il pourra voir;
I'ayme mieux le chercher en la machine ronde
Par amour & par foy que trouuer tout le mõde.

IX.

On ne trouue cet VN sans rencontrer encore
Le ternaire parfaict dans le lieu sur tout lieu,
Les trois se reuelant, l'ame cet VN adore
     Disant vous estes Dieu;
C'est vous seul que ie cherche, & mõ ame rauie
En vous trouue sa gloire & sa paix & sa vie.

X.

Auecques la memoire, au sein du Sanctuaire
Elle embrasse le Pere, en ce diuin moment
Elle embrasse le Fils son espoux salutaire
     Auec l'entendement,

SPIRITVELS. 204

Auec la volonté amoureuse elle embrasse
En extaze l'Esprit, voyant de Dieu la face.

XI.

De toute sa substance elle baise, elle adore
La saincte Trinité pour l'adorer tousiours,
La Trinité la baise, elle l'embrasse encore
  De bras de ses amours,
Goustant du Paradis la gloire essencielle
En cet embrassement où son Dieu se reuelle.

CANTIQVE LIX.

I.

DAns vn plaisant desert où la manne
  (fertile
En gousts de Paradis) heureusement distile
  Aux cœurs des Saincts amans,
Ie contemplois cet VN dans le sein du silence
Qui fait tomber l'esprit dans ses rauissemens
  En saincte defaillance.

II.

Ie m'escriois ainsi (diuine plenitude)
M'auez vous appellé dans ceste solitude
  Pour me monstrer ces trois
Qui remplissent les cœurs de l'vnité feconde?
Le monde ayant quitté i'ay trouué dans ce bois

Le beau monde du monde.

VI.

O que d'Anges ie vois en ces grottes austeres !
O que ie voy de Saincts en ces lieux solitaires
  De nuages enceins;
Ie me croyrois rauy dans le Paradis mesme
Si mes yeux pouuoient voir icy le Sainct des
  Saincts,
  Mon Paradis supresme.

IV.

Qu'il fait bon estre seul en ceste solitude
Où lon contemple Dieu nostre beatitude!
  Car bien qu'il soit caché
Ha! que ie suis content de penser qu'en mon
  ame
Sejourne celuy-là lequel estant cherché
  Me rauit & me pasme.

V.

Ie fais icy du Ciel vne belle oratoire
N'ayant que de Iesus, non du monde memoire,
  Vne autre en son costé,
I'en fais vne troisiesme en la diuine essence
Où mon ame rauie en la simple vnité
  Sent de Dieu la presence.

VI.

Mais ie voy sur les airs & sur les Cieux encore
Se leuer vn brouillats où celuy que i'adore
  Paroist comme vn Soleil.

Lequel va rayonnant au trauers d'vn nuage,
Il est au S. Espoux des Cantiques pareil,
 Et tel est son visage.

VII.

Il est blanc & vermeil, la clarté de sa face
De dix mille soleils le tein brillant efface
 Ainsi resplendissant;
En pensant regarder son bel œil qui me tuë
Helas ie meurs d'amour, cher Espoux rauissant,
 Cachez vous dans la nuë.

VIII.

Mon Espoux se cachant au nuage celeste
Le glorieux ternaire à mon cœur manifeste
 Dans vn recueillement,
Mon cœur le veut aymer, ô merueilleuse chose!
Il le baise & caresse, & de l'entendement
 S'enfuit ma belle cause.

IX.

Dieu n'est qu'vn pur amour, l'amour seul peut
 comprendre
Son simple estre amoureux, l'esprit ne peut en-
 tendre
 Cet obiect infiny,
Il confond l'intellect, il rauit la memoire
Si bien que son amant comme vn sujet finy
 S'abisme dans sa gloire.

X.

Pleust à Dieu que mõ ame en luy fust trãsformee
Cõme vne saincte amante est en la chose aymee

Afin que n'aymant plus
La terre, le neant, la vapeur, la fumee,
On la peût appeller de l'amoureux Iesus
L'Espouse bien-aymee.

XI.

Le verbe s'incarna, souffrit la mort extresme
Afin de nous vnir au ternaire supresme:
L'homme Dieu Iesus-Christ
Introduisant nostre ame au diuin Sanctuaire
La presente à son Pere & le Pere à l'esprit
Pour vne saincte en faire.

XII.

Aucun n'entra iamais en la celeste enceinte
Sans auoir l'ame pure, immaculee & saincte;
Le sang du doux Iesus
Aux fatales prisons les ames purifie,
Le feu du S. Esprit rend Saincts tous les esleuz,
Qu'au Ciel il deifie.

CANTIQVE LX.

I.

Adorant mon Seigneur dans le broüillats
  diuin,
 I'oüis vn Cherubin
Qui venant de la part de l'essence premiere

Me disoit en chantant
Adore la lumiere au verbe ta lumiere
Et tu seras content.

II.

Alors parut au Ciel un Soleil lumineux
Dont le rayon matineux
Illumina mon cœur afin de le distraire
De tout mondain object,
Luy faisant entreuoir un rauissant mister
De la pensee abstraict.

III.

Entrant dans mon neant, ie vis le mesme rien
Et mon souuerain bien:
Ie vy tout à la fois les deux contraires choses
En un petit moment,
Ie vy des yeux du cœur ceste cause des causes,
Non de l'entendement.

IV.

Voyant en moy le rien, i'eus une telle horreur
Que i'entrois en fureur
Dans l'abisme tombant côme une ame insensee,
Mais l'espoux gracieux
Fit entrer en son cœur la pauurette eslancee
D'un vol delicieux.

V.

Estant en ce sejour comme en un Paradis
En extaze ie dis
Est-ce icy cet Eden duquel fut chassé l'homme

CANTIQVES

Apres auoir gousté
Contre le gré de Dieu ceste fatale pomme
Qui luy a tant cousté?

VI.

Nenny (ce dit mon Ange) en ce lieu sont rauis
Comme au diuin paruis
Les Esprits amoureux de la beauté supresme,
C'est vn si plaisant lieu
Qu'ils diroiët en excez, c'est le Paradis mesme
Si l'on y voyoit Dieu.

VII.

Mon Ange fit silence, & ie vis à l'instant
L'Estant sur tout estant,
Le principe amoureux de toute Creature,
Ie le vy sans le voir
Dãs vn beau throsne d'or ayãt pour sa ceinture
Vn grand nuage noir.

VIII.

L'Ange parlãt encor, me dit qu'ils estoiët trois,
Mais ces trois diuins Rois
Estoient si bien vnis qu'vn seul ie vy paroistre,
Ie n'en adoray qu'vn,
La foy dit qu'vn seul Dieu nous deuons reco-
gnoistre
Au principe trin'vn

IX.

Pres du throsne Royal de ce Roy glorieux,
Si rare & precieux,

SPIRITVELS.

J'entreuy la Iustice & la misericorde
   Qui se tenoient la main
Chãtant au Roy des Rois, de la saincte Cõcorde
   Le Cantique diuin.

X.

L'Ange prenant le ton de l'Aigneau qui
   chantoit
   A l'instant le portoit
Au grand chœur Angelique, à tous les SS
   encore;
   Et la Royne des Saincts
Chantant Alleluya sans fin les trois adore,
   De lumieres enceints.

XI.

Ie ne vy pas cecy, mais i'ouys vne voix
   Qui chanta par trois fois
S. S. S. le Seigneur; vne autre voix tres-belle,
   Comme vn Escho chantoit
Beny soit ce grand Dieu qui (d'essence eternelle)
   Deuant le monde estoit.

XII.

Lors vne claire voix qui rauissoit d'amour
   Le celeste seiour,
Chanta diuinement ceste chanson mistique,
   Le Pere, Esprit & Fils
Ne sont qu'vn mesme Dieu, dont l'estre magni-
   fique
   Est le vray Paradis.

CANTIQUE LXI.

I.

PRiant deſſus vn mõt où les plus belles choſes
Se voyent en tout temps,
Où mille & mille fleurs, où les lys & les roſes
Font vn diuin printemps,
Ie courrois à l'odeur du parfum deſirable
De l'eſpoux admirable.

II.

I'y vy des Anges purs & des Vierges encore
Ayant le tein de lys,
Non de lys des iardins, mais de ceux dont s'hon-
nore
l'odorant Paradis,
Qui diſoient en chantant, mon bel eſpoux ſu-
preſme
Eſt l'huille & parfum meſme.

III.

I'adorois en ſilence en mon humble priere,
Et n'oſois m'enquerir
En ce diuin broüillats, où logeoit la lumiere
Pour qui ie veux mourir;
Ie ſentois ſans rien voir, ceſte odeur rauiſſante
Qui les Anges contente.

IV.

Les Anges & les Saincts, les celestes pucelles
 Espouses de Iesus.
Me disoiët en chātant, puisque tu nous appelles
 Dans ton neant confus,
Nous te reuelerons des parfums le mistere
 Qu'il te conuiendra taire.

V.

Nous sommes du iardin de cet espoux celeste
 Les roses & les lys;
Le baulme de l'amour, à l'Ange il manifeste
 En ce doux Paradis,
Il nous mōstre sa gloire, il nous fait voir sa face
 Qui les blancs lys efface.

VI.

L'espoux est blanc & rouge, & nous portons encore
 Ces aymables couleurs,
L'Ange & l'Ame qui l'ayme & le sert & l'adore
 Se pasme en ses odeurs,
Si tu l'aymes d'amour tu seras toute esprise
 De sa senteur exquise.

VII.

Des diuins aromats, voicy les beaux misteres;
 Le Pere, Esprit & Fils.
Ce sont trois parfumeurs qui par nos ministeres
 Font vn doux Paradis,

Embaufmant tous les cœurs, les ames & les
    Anges,
  Les throfnes, les Archanges.
       VIII.
Le Pere parfumant le Fils, ce Verbe encore
    Va le Pere embaufmant,
Ces deux, le S. Efprit (qu'auec eux on adore)
    Vont toufiours parfumant;
Cet Efprit les embaufme, & ce parfum celefte
    A tous fe manifefte.
       IX.
La boifte des parfums, eft la diuine effence
    Qui par le S. Efprit
Efpanche les odeurs de fa magnificence
    Au cœur de Iefus-Chrift,
L'ame l'enuoye au corps, & ce corps par miftere
    Aux amans du Caluaire.
       X.
Le fang de Iefus Chrift & fon diuin merite
    Sont les onguens tres-doux
Qui parfument les cœurs & les ames d'eflite
    Amantes de l'efpoux;
Il embaufme la terre & le Ciel & les Anges
    Qui chantent fes loüanges.
       XI.
Courōs apres l'odeur des doux onguēs miftiques
    De cet Efpoux diuin
Sur les mōts de la myrrhe & lieux aromatiques

SPIRITVELS.

Où court le Seraphin;
L'ame sans Dieu defaut, elle vit extatique
Du parfum deifique.

CANTIQVE LXII.

I.

IE voy, ie ne voy rien, i'entend chanter les Anges
    Qui disent en chantant,
Pour voir le S. objet de toutes nos loüanges,
    Que ton cœur ayme tant,
(Chere ame) il faut mourir d'vne mort douce & belle
    Où ton Dieu se reuelle.

II.

Entre dans ton neant, de là passe en l'extaze
    Non de mort mais d'amour,
Que ton cœur amoureux en cet excez s'embraze
    De Dieu ton vray sejour,
Tu verras seulement en ceste mort supresme
    L'ombre du Seigneur mesme.

III.

Le voir visiblement dans son throsne de gloire,
    Des Saincts c'est le desir,
Voir qu'on ne le peut voir en ceste prison noire
    C'est vn si grand plaisir

Que l'ame de ses sens est toute alienee
    De gloire enuironnee.

IV.

Le Seigneur de la gloire est autour de ton ame
    Et tu ne le vois pas,
Du desir de le voir la pauurette se pasme
    Dans l'amoureux trespas,
A force de desirs peut estre qu'en la vie
    Elle sera rauie.

V.

Au prix de ce grand tout, tu vois bien peu de
    chose
    Ainçois tu ne vois rien,
Mais helas les mondains qui ne cherchent leur
    cause
    Et leur souuerain bien
Ne voyẽt tant que toy, qui tiẽs sans voir encore
    Celuy que tu adore.

VI.

Ie le tien, ie le tien celuy que mon cœur ayme
    (disoit l'espouse vn iour:)
Heureuse l'embrassant d'vn desir tout extresme
    Des bras de son amour.
Elle ne pensoit pas au plaisir de la veüe
    L'adorant en la nuë.

VII.

Les Anges à ces mots se voilant en silence
    De leurs aisles les yeux
                Adoroient

Adoroient purement la tres-pure substance
 De leur Roy glorieux
Qui dans trois noms diuins est vne seule es-
sence,
 Vne gloire & puissance.
VIII.
Ie n'osois pas leuer dedans le Ciel la veüe
 Les voyant adorer.
Ce grand Estre trin'vn caché dans vne nuë,
 Qu'il ne faut desirer
De voir tres-clairement iusqu'a tant qu'il re-
ueille
 Sa grandeur eternelle.
IX.
Rauy de leurs doux chãts, ie pensois par l'oreille
 Rendre l'ame à la fois,
Mais soudain ie rentray de merueille en mer-
ueille
 Quand i'entreuy ces trois
Dans vn petit broüillats où mon cœur les
adore
 Comme au poinct de l'aurore.
X.
Quel sera le midy, si l'aurore est si claire
 (Disois-ie en mon esprit)
Helas ie suis rauy sans voir ce grand mistere
 Au sein de Iesus-Christ,
O midy glorieux! apres toy ma pauure ame

CANTIQVES

D'amour halette & pasme.

XI.

Venez (ô S. Esprit) anoncer à l'amante
 L'aube de ce beau iour,
Venez la secourir, la pauurette lamente,
 Las! elle meurt d'amour,
Tirez la dans le Ciel, pour en ce lieu supresme
 Viure de l'amour mesme.

CANTIQVE LXIII.

I.

Grand Estre qui n'as point de premier ny
 dernier,
Qui sans nulle origine és toy-mesme premier,
 (Principe sans principe)
Beau tout sans dependance, & milieu sans
 milieu,
Dont tout estre existant son estre participe;
 Toy seul tu es mon Dieu.

II.

En homme on dit, vn Pere, vn Fils, vn S. Esprit,
La foy, ces 3. beaux nõs par le verbe m'apprit,
 Elle me dist encore
Ce ne sont pas trois Dieux ny trois Estres diuers,
En trine subsistence vne Essence i'adore
 Et ie chante en ces vers.

III.

C'est la grādeur de Dieu, ce Monarque des Rois,
D'estre ainsi 3, en vn & d'estre vn seul en trois;
  C'est la grandeur des Anges;
C'est la grandeur des Saincts, en toute eternité
De ne pouuoir atteindre au parfaict des loüāges
  De ceste Trinité.

IV.

Le Seigneur est vn tout, & le reste n'est rien,
L'hōme n'est riē du tout, Dieu le souuerain biē
  Et la gloire eternelle:
Que nous sommes heureux d'auoir vn Dieu si
  grand
Qui lors que dans le Ciel aux SS. il se reuelle
  Ils le vont admirant.

V.

Il est celuy qui est, la mesme infinité,
C'est à dire il est Dieu, de toute eternité
  Regnant dans son essence:
Et c'est beaucoup pour nous, de penser qu'il
  n'est pas
Tout ce qui peut tomber sous nostre intelligence
  Qui le voit au broüillats,

VI.

Le nommant Eternel, Ineffable, Infiny,
Croyez vous ce grād Estre auoir beaucoup beny?
  Ce qu'il n'est pas, c'est dire;
Mais dire ce qu'il est, l'Ange mesme des Cieux

En voulant y penser, à l'instant il admire
  Son throsne glorieux.

VII.

L'Ange n'est pas creé pour comprendre en effect
L'estre immense de Dieu le parfaict du parfaict,
  Comme aussi n'est pas l'ame;
Estans rauis en Dieu, ne le comprenant pas
Ils voyent tant de Dieu qu'vn chacun d'eux se pasme
  Dans l'amoureux trespas.

VIII.

Ne pensez pas qu'au Ciel, sur tout temps & tout lieu
Il y ait quelque peine, on ne meurt point en Dieu
  Le principe de vie,
Mais cet acte tres-pur agit si fortement
Sur tout estre creé que toute ame est rauie
  Au sein de son amant.

IX.

L'homme est vn petit soufle, & Dieu dedans son corps
Souflant tout doucement anime les accords
  Et du corps & de l'ame;
Mais s'il soufloit plus fort il esteindroit les sens,
Ainsi que nous voyons que souuent elle pasme

En ses bras rauissans.
X.
Les Anges & les Saincts ne viuent dans les Cieux
Que du soufle diuin du Seigneur glorieux
 Que dans eux il souspire,
Le Fils est la parole & l'Esprit est le vent
Lequel suauement sur tout esprit aspire
 Pour le rendre viuant.

XI.
Gloire soit donc au Pere, au verbe & à l'Esprit,
Gloire à l'humanité du Seigneur Iesus-Christ
 La porte de la vie:
L'homme mourãt sans cesse en ce mortel seiour,
Au sein du Dieu viuant ayant l'ame rauie
 Vit de gloire & d'amour.

CANTIQUE LXIV.
I.

TRois regnent dans le Ciel en la diuine essence
Laquelle est le vray Ciel de la magnificence
 De ceste Trinité:
Les grandeurs de ces trois, l'Ange ne pourroit dire,
Les contemplant à l'ombre, en silence i'admire

Leur tres-simple vnité.

II.

Que ie me resiouy des beautez immortelles
De cet Astre parfaict, des splendeurs eternelles
 Iamais ne finissant!
D'auoir vn si grād Dieu, que mō ame est rauie!
Penser à ce mistere est la gloire & la vie
 Qui me va rauissant.

III.

Mon Dieu, vous estes tout, ô ma premiere cause,
Si vous pouuiez manquer en vous de quelque
 chose
 Qui se trouuast en moy,
Ie vous donnerois tout pour plus heureux vous
 rendre
Au cachot du neant & ie voudrois descendre
 Pour agrandir mon Roy.

IV.

Mon Dieu, si vostre honneur (dont l'Vniuers est
 l'ombre)
Se pouuoit aūgmēter par l'Estre & par le nōbre
 Des beaux Anges des Cieux
Ie voudrois qu'il y eust mille mondes encore
Afin de mieux chāter au grād Roy que i'adore
 Vn Hymne glorieux.

V.

Si vous estiez plus grād par le trespas des Anges
Ie voudrois qu'il n'y eust Seraphins ny Archāges

(Qui ne sont rien qu'en vous)
Puis que cela n'est pas (estant seul immuable)
Qu'ils vivent pour chanter vn Cantique admirable
A mon diuin Espoux.

VI.

Pensant & repensant aux celebres Cantiques
Que chantent dans le Ciel les langues Angeliques
En ce lieu sur tout lieu,
Ie vay m'imaginant qu'ils disent en extaze
Il n'est point d'autre Dieu que celuy qui m'embraze,
Et seul il est mon Dieu.

VII.

Tous les Dieux des Gentils ne sont que des Idoles,
Ce sont des Dieux de vent, n'entendant les paroles
De nos bouches sortant,
Mais celuy qui crea d'vn neant toutes choses
Est le Dieu des Esprits, c'est la cause des causes,
L'Estant sur tout Estant.

VIII.

Quand i'aurois mille cœurs, mille langues encore
Et mille esprits diuers, du grand Dieu que i'adore
Ie ne pourrois parler:
Les Anges sont pasmez dans vn tres-doux mistere
Alors que le Tres-haut dedans son Sanctuaire
Se daigne reueler.

IX.

Admirons en silence vn nombre sur tout nombre

Duquel on peut à peine au corps entrevoir
    l'ombre,
        De nos debiles yeux;
Ie ne souhaitte pas auoir vn beau plumage
Pour voler dans le Ciel, tant pour voir son vi-
    sage
        Que pour l'adorer mieux.

X.

De voir & de cherir vne chose visible
C'est le propre des sens, mais pour l'intelligible
        Il la faut admirer;
La lumiere diuine est si claire & brillante
Qu'on ne peut regarder sa beauté rauissante
        Sans tousiours l'adorer.

XI.

Les Anges sont pasmez dans l'amoureux si-
    lence
Adorans du Tres-haut la trin'vnique essence,
        Pere, Fils, S. Esprit,
Ie suis rauy pensant à leur douce pensee,
Mon ame veut mourir estant toute eslancee
        Au sein de Iesus-Christ.

SPIRITVELS.

CANTIQUE LXV.

I.

O Broüillats lumineux! lumiere inaccessible!
O Soleil du Soleil! Dieu sainctement terrible!
Confus, ie vous adore au centre de mon rien:
Vous estes tout du tout, qui hors de vous subsiste?
Vous estes infiny, qui sans vous seul existe,
  O mon souuerain bien!

II.

Vostre estre est sur-estant, l'estre qu'on peut entendre
N'est pas l'estre de Dieu, que l'Ange peut comprendre
Seulement dans le verbe & non totalement:
Ha qu'il est glorieux (en voyant toutes choses)
D'adorer l'infiny de la cause des causes
  Dans le rauissement!

III.

Sa tres-docte ignorance & simplicité purē
Surpasse le sçauoir de l'humaine nature
Tout autant que le Ciel surmōte ces bas lieux;
Ne voyant le secret de la diuine essence

Son Esprit amoureux tombant en defaillance
   Est rendu glorieux.

IV.

Il est vray, car voyant dedans le sein supresme
Le secret du secret de l'Eternité mesme,
Ou plustost en voyant que l'object est trop haut
Il se pasme d'amour dans l'abisme de gloire,
Et de son estre propre en perdant la memoire
   Tout son esprit defaut.

V.

Heureuse defaillance! extaze glorieuse!
Puisque dans ce defaut son essence amoureuse
Par l'union diuine est faicte vn petit Dieu :
Pour biē loüer vn Dieu, il faut estre Dieu mesme,
Au Verbe il est faict Dieu, par son amour su-
   presme
   En ce lieu sur tout lieu.

VI.

Beaux Astres du matin, annoncez dés l'aurore
La gloire du grand Roy que mon esprit adore.
Dés que l'aube paroist au mistique Orient :
Chantez qu'il n'est qu'amour & gloire & sa-
   pience,
Et iubilez sans cesse en sa saincte presence
   D'vn esprit tout riant.

VII.

Annoncez sa puissance & grandeur ineffable;
Annoncez sa bonté, sa iustice admirable.

Et sa douce clemence au celeste sejour:
Chantez sa prouidence & profonde sagesse,
Et mon cœur tout remply de nouuelle allegresse
    Chantera son amour.

VIII.

Anges, que de grandeur, au trois est contenuë!
Mon esprit ne la voit qu'au trauers de la nuë,
Heureux vous la voyez aux rayons du Soleil,
Et dans le vray Soleil voyant le Soleil mesme
Vous voyez de vos yeux le ternaire supresme
    A soy-mesme pareil.

IX.

Les trois sont tout pareils, c'est vne mesme es-
    sence,
Ce sont trois vnitez en trine subsistence,
Vne esgalle puissance, vne simple vnité:
Qu'est-ce la? ie ne sçay; l'Ange ne peut encore
Dire tout ce que c'est, en extaze il l'adore
    En toute eternité.

X.

Dans le beau Verbe il void tout ce qu'il peut
    comprendre,
Il entend ce qu'il voit, mais il ne peut entendre
Totallement celuy qu'il void heureusement:
L'Aigle void le Soleil, non toute sa lumiere,
Et l'Ange ne void pas ceste essence premiere
    Au Ciel infiniment.

XI.

Deifique est son œil, sa vision parfaicte,
Son ame voyāt Dieu, biē-heureuse elle est faicte;
Mais certes il y a dans ce lieu sur tout-lieu
Vn Sancta-Sanctorum à tous inaccessible
Que l'Ange ne voit pas, ceste gloire indicible
  Est le secret de Dieu.

XII.

Adorons au paruis, Archangez Saincts &
  hommes,
Adorons au paruis, car tous tant que nous
  sommes
Nous n'entrerons iamais au secret du Tres-
  haut:
C'est la grandeur de Dieu, c'est la gloire des
  Anges
De chanter à iamais, DONNONS A DIEV
  LOVANGES,
  DEVANT LVY TOVT DEFAVT.

CANTIQVE LXVI.

I.

GRAND DIEV vous estes donc mon
  Dieu deuant l'aurore;
La Lune & le Soleil n'esclairoient pas encore

SPIRITVELS.

L'hemisphere des Cieux
Que vous luisiez sans tēps, car l'eternité mesme
Est le bel Orient où mon Soleil supresme
Luit tousiours glorieux.

II.

Le tēps est faict pour l'hōme, & l'eternité pure
Appartient à Dieu seul d'eternelle nature
Comme au grand tout du tout :
Dieu n'estoit ny sera, celuy là que i'adore
Est eternellement, pur Soleil sans aurore
Et sans vespre & sans bout.

III.

L'homme n'est rien que nuict, & l'Ange n'est
qu'vne ombre
Au regard du Soleil qui estant trois en nōbre
N'est qu'vn seul par amour,
Par essence & par gloire ; & ceste vnité belle
En l'Orient d'enhaut le verbe nous reuelle
Au Ciel au poinct du iour.

IV.

O beau iour, ô nuict sombre, Astres, Soleil,
Aurore,
Anoncez en luisant, du Soleil que i'adore
L'esclat mysterieux ;
Vous n'estes que des nuicts deuant ce iour su-
presme,
Vous n'estes que vapeurs deuant mon Soleil
mesme,

Tout n'est rien à ses yeux.

V.

Ce beau tout que ie vois en ceste masse ronde
N'est rien pour mõ esprit, dãs le mõde du mõde
   Abstraict diuinement,
Tenant dessous mes pieds toutes mortelles choses
I'entre dedans le cœur de la cause des causes
   En mon rauissement.

VI.

I'adore ce beau trois qui n'est qu'vn en essence,
Cet VN est le vray tout où gist ma cõplaisance,
   Et ce tout est mon Dieu:
Me complaisant qu'il est ce qu'il est en luy-mesme
Ie gouste les douceurs d'vn Paradis supresme
   En ce terrestre lieu.

VII.

Si l'Ange ne voyoit dans l'essence diuine
Tout bien & toute gloire en Dieu seule origine
   De tout estre existant,
Ie veux m'imaginer qu'il ne pourroit pas croire
La grandeur de la ioye & l'excez de la gloire
   Qui me rend si content.

VIII.

Tout l'honneur & la ioye & le plaisir encore
Dont l'Archange iouït en celuy que i'adore,
   Ie le gouste en ce lieu:
Que dy-ie? est-il possible, ô doux prodige estrãge!

J'ay bien Dieu dans mon cœur, mais non pas
   comme l'Ange:
  Car ie ne voy pas Dieu.

IX.

L'Archāge le voit tout, il est tout dās mō ame,
Il se reuelle à l'Ange en son verbe il se pasme
   Au celeste sejour,
Il vit en le voyant dans son intelligence,
Et moy ne voyant pas la viuifique essence
   Helas ! ie meurs d'amour.

X.

Ie prefere la mort à la mondaine vie,
Dans les cachots diuins mon ame estant rauie
   Void Dieu par vn pertuis,
Elle le void sans voir, de tous obiects abstraicte,
Ses delices trouuant auec vn Roy Prophete
   Dans ces mistiques nuicts.

XI.

Dieu se monstroit la nuict à la trouppe Israëlle,
Dieu par son propre Fils, à minuict se reuelle
   En l'estable naissant !
Ie n'ayme que les nuicts & les brouillats mi-
   stiques
Pour chanter en silence à mon Dieu des Canti-
   ques
   D'vn air tout rauissant.

CANTIQUE LXVII.
VOL D'ESPRIT.

I.

Helas! ie meurs d'amour! ha si i'auois des aisles
Heureux ie volerois comme les Colombelles
    En vn lieu sur tout lieu;
Où prendrois tu ton vol? en quels beaux lieux estranges?
Seroit-ce vers la Vierge ou les Saincts ou les Anges?
    Non, ce seroit en Dieu.

II.

Son sein est le doux nid des chastes Tourterelles
Les troux de la muraille où vont les Colōbelles
    Fidellement nicher:
Bien-heureux si mon ame estoit en Dieu rauie!
Seigneur, tirez la donc, car vous estes sa vie,
    Sa force & son rocher.

III.

Les playes de Iesus sont les beaux tabernacles
Des filles de Syon, les secrets habitacles
    Des oiseaux de la paix;

SPIRITVELS. 233

Dans son costé mon ame ayant pris sa volee
Il luy sembloit desia qu'elle estoit desuoilee
 De son plumage espais.

IV.

Elle voit en ce lieu, quoy? mais que ny voit-elle
Alors que son Espoux ses secrets luy reuelle?
 Tout ce qui fut iadis,
Ce qui est & sera, tous obiects salutaires,
Les mysteres du Ciel & le Dieu des mysteres
 Ainsi qu'en Paradis.

V.

Qu'ay-ie dit? ie me trompe; vne ame vagabõde
Peut-elle voir au corps le grãd monde du mõde,
 Ce qui vit sur tout lieu,
Sur tout temps, mouuement, idee, intelligence?
Tu parles en excez (mon esprit) & tu pense
 Desia voir ce grand Dieu.

VI.

Ie le voy, ie le voy, ie le voy (ce me semble)
Si doux & glorieux que ie meurs & ie treble,
 Si ie meurs c'est d'amour,
Ie tremble de respect à l'adorable veüe
De mon Soleil qui faict du Soleil vne nüe,
 Vne nuict de son iour.

VII.

Que dis-ie, que ie voy? ie ne voy rien encore,
Le Soleil ne luit pas, c'est le poinct de l'aurore,
 Ie vois obscurement;

Quoy ? trois diuins Soleils qui soudaine m'ap-
paroissent,
Non ie ne les voy plus, & quand ils dispa-
roissent
I'en vois vn seulement.

VIII.

N'auez vous iamais veu dans vne espesse nüe
Se mirant le Soleil, apparoistre à la veüe
Trois semblables Soleils.
C'est de la Trinité l'imparfaicte figure,
Ainsi Dieu nous faict voir aux œuures de
nature
Ses secrets nompareils.

IX.

Mais dy moy! que vis tu (beniste Colombelle)
Au costé de Iesus où l'Espoux nous reuelle
Ses parfaictes grandeurs?
I'en vy trois, i'en vis vn dans ce beau Ciel mi-
stique,
Ie vy qu'on ne peut voir du Soleil magnifique
Les diuines splendeurs.

X.

Ie vy dedãs Ce cœur, tous les SS. & les Anges,
Qui chãtoiët du trin' vn les tresdouces loüages,
Car c'est le cœur de Dieu;
O que ce cœur est large & d'immense estendue,
Des brillans Cherubins il surmonte la veuë,
Sans temps, fin ny milieu.

SPIRITVELS.
XI.

Ie pensois marier ma voix basse & debile
A ce chœur Angelic contenant plus de mille
Et mille & mille voix,
Mais la voix me faillit dās l'excez de mō ame,
O bieheureux defaut pour le cœur qui se pasme
Dans le sein de ces trois!

CANTIQVE LXVIII.

VOL D'ESPRIT.
I.

C'Est trop languir au corps, c'est trop mourir au monde,
Il faut aller aux Cieux,
Il faut voler en Dieu qui bien-heureux abōde
En plaisirs glorieux.

II.

I'ay sur-volé les airs, le Soleil & la Lune,
Et tous les Cieux diuers;
Et mon cœur n'est content, car l'essence trin'vne
Est mon bel Vniuers.

III.

C'est mon Ciel, c'est le mōde où mon ame contēte
Au monde dit a dieu,
Chātāt dedās l'extaze heureuse & rauissante,
Ie ne veux que mon Dieu.

IV.

Prenons le vol en Dieu, en perdant la memoire
  Du corps & de l'esprit,
L'aymer & l'adorer c'est ma ioye & ma gloire,
  Ia mon cœur vole & rit.

V.

Il s'en vole en riant aux sacrez habitacles
  De l'espoux glorieux,
Que ses paruis sont Saincts, & que ses taber-
  nacles
  Sont beaux & precieux!

VI.

Mon cœur sent en volant desia fondre ses aisles
  Aux rayons du Soleil;
O Dieu! que voy-ic là! que de choses nouuelles!
  Voit-on rien de pareil?

VII.

Sont-ce des petits Dieux, des Astres ou des
  Anges?
  Des roses & des lys?
Ensuiuãt vn Aigneau ils chãtent les loüages
  Du Roy de Paradis.

VIII.

O Iesus qu'ils sont beaux! la troupe virginale
  Dit sans cesse à l'Aigneau
(Sur le mont de Syon, marchant à la Royale)
  Vn Cantique nouueau.

SPIRITVELS.

IX.
O que de Cherubins & de vertus encore
  En ce lieu i'entreuois!
Voyez sur vn beau mont la Royne que i'adore
  Chantant à haute voix.

X.
Voyez vous sur vn mont qui grandement sur=
  monte
  Le mont le plus hautain
Les trois qui ne sont qu'vn, Sainct mont auquel
  ne monte
  Mesmes le Seraphin?

XI.
Ils leuent tous les yeux vers la mõtagne saincte
  Plus haute que les Cieux,
De lumiere & de flamme en la voyant enceinte
  Ils abbaissent leurs yeux.

XII.
Ils voyent bien pourtant en vision tres-claire
  Sur ce Mont le Tres-haut,
Mais comme estant rauis dans vn profond my=
  stere
  Tout l'esprit leur defaut.

XIII.
C'est vn heureux estat, car en eux cessant d'estre
  Ils viuent bien-heureux
Dans le cœur de celuy qui ne veut apparoistre
  Qu'aux esprits amoureux.

XIV.

Ils chātent cōme en chœur vn glorieux Cātique
    Au trin' vn Roy des Rois,
Ils chantent hautement ayāt l'ame extatique,
    De leurs mentales voix.

XV.

Mais cōment chantent-ils, s'ils ont l'ame rauie,
    Estans sans sentiment?
Mon Ange me l'apprēd, c'est que l'esprit de vie
    Les meut diuinement.

XVI.

Il touche leurs esprits, il esmeut leurs entrailles,
    Leurs poulmons & leurs voix:
(Mon cœur) oyant leurs chants, il faut que tu
    tressailles
    En adorant ces trois.

XVII.

Chante, les trois sont VN; non, adore en silence
    Ce secret glorieux;
On chante ce Cantique en sainéte defaillance
    Au sein du Roy des Cieux.

CANTIQVE LXIX.

I.

L'Essence sur tout temps, sur tout sens &
    tout lieu
    Elle mesme est mon Dieu;

Mon ame veut apprendre
En l'adorant tousiours, que l'esprit le plus
Sainct
Ne peut en son excez son pur estre comprendre,
De nuages enceint.

II.
L'horrible obscurité son throsne enuironnant,
Pompeux & rayonnant,
Tous les esprits accable,
Et donne autãt de crainte aux purs entendemẽs
Comme il donne d'amour se monstrant tout-
aymable,
Aux cœurs de ses amans.

III.
S'il est tel dans l'amour, qu'est-il en sa fureur?
Vne tres-saincte horreur
Va saisissant mon ame
Quand ie iette les yeux en ce diuin broüillas
Dont il faict sa cachette, où mõ esprit se pasme
D'vn mistique trespas.

IV.
Ie regarde tousiours & si rien ie ne vois,
I'adore dans les trois
L'essence tres-vnique,
Ne voyant rien du tout en ce broüillas diuin
Ie ressens dans mon cœur vn attraict deifique
Qui le rend seraphin.

V.
Il l'attire, il l'enflamme & ne l'esclaire point

Au moins iufqu'à ce poinct
De voir fa pure effence;
Doux Paradis du cœur & l'enfer de l'efprit
Il faict viure mon cœur, mourir l'intelligence,
L'œil pleure & le cœur rit.

VI.

Contemplant (fans rien voir) les brillantes
grandeurs
Et les fainctes fplendeurs
De l'effence premiere,
Le S. Efprit donnant vn baifer à mon cœur
I'ay bien plus de chaleur que ie n'ay de lu-
miere,
D'amour que de langueur.

VII.

La langueur vient de moy qui fuis l'object finy,
L'amour de l'infiny;
L'amour la peine paffe,
Qu'eft-ce que la douleur que lon fouffre en l'ay-
mant
Puis qu'on nomme la mort au regne de la grace
Vn pur rauiffement?

VIII.

C'eft le vray Paradis de voir la Trinité;
Mourir pour l'vnité
C'eft vn doux Purgatoire,
Le cœur en fe purgeant dans ce plaifant fejour
Commence à reffentir les douceurs de la gloire

Au

SPIRITVELS.

Au Paradis d'amour.

IX.

(Pere) blessez mon cœur par vostre diuin Fils;
(Iesus mon Paradis)
 Que vostre esprit supresme
Possede tellement ce cœur tout amoureux
Qu'estât faict vn esprit auecques l'amour mesme
 Il soit faict bien-heureux.

X.

L'amour est en la gloire & la gloire en l'amour
 De tous biens le seiour,
 Mon Dieu n'est autre chose;
Qu'vn effet est heureux quand il se peut vnir
Par vn ardant amour auec sa belle cause
 Pour amour deuenir!

XI.

Dieu luy-mesme est amour, le cœur pareillemẽt
 Est Dieu s'il est amant,
 D'amour & non d'essence;
N'estant diuinisé par son object diuin
Il est rendu si beau dedans son excellence
 Qu'il semble vn Seraphin.

XII.

Les Anges & les Saincts sont faicts Dieux
 par amour
 Au celeste seiour;
 En la gloire eternelle
Ils sont eternisez, pour chanter à iamais

L

Gloire au seul eternel qu'en la terre on appelle
Dieu d'amour & de Paix.

CANTIQVE LXX.

I.

VNE secrette horreur vient saisir tous mes sens
Quand ie pense à ces trois diuins & rauissans
Entourez d'vn nuage,
Comme l'Ange, mon cœur n'a pas accoustumé
De voir les purs rayons de mon Soleil aymé
Dont il void le visage.

II.

Vne nuict sur vn mont, en veillant & dormant
(Veillant dis-ie du cœur, non de l'entendement)
Pasmé ie vis paroistre
Vn beau Ciel cristalin qui me faisoit fremir
Et tressaillir de ioye & pleurer & gemir
Sans voir rien apparoistre.

III.

Ie vy des Cherubins en ce sacré sejour
Qui me sembloient tout yeux, & des enfans d'amour
Que Seraphins on nomme,
Ils estoient tout rauis, & chantoient en volant
Deuant le S. des Saincts, à moy se reuelant

SPIRITVELS.

En la figure d'homme.

IV.

I'ay dit n'auoir rien veu dans ce bien-heureux
   lieu
Pource que de voir tout & ne voir point mon
   Dieu
   Ce n'est rien voir encore:
Ces humains Seraphins paroissant à mes yeux
Me faisoient souuenir du secret precieux
   Où Dieu homme on adore.

V.

Six Aisles ils auoient, de deux volant tous-
   iours
Deuant le throsne S. du grand Roy des amours,
   De deux voilant leur teste,
De deux couurant leurs pieds, indignes s'esti-
   mans
De regarder celuy qui paroist aux amans
   Dedans vne tempeste.

VI.

Dedans vn tourbillon, dans vn nuage espais
A Moyse apparoist ce grand Prince de paix,
   Au broüillats & fumee,
Tesmoignant qu'il ne veut nous monstrer ses
   grandeurs
Clairement en ce corps, dans ses moindres
   splendeurs
   Nostre ame est consommee.

VII.

Apres les vents, les feux & les grands trem-
blemens
De terre, il apparoift, non fans eftonnemens,
A fon Prophete Helie
Dans le vent delicat qui fur luy refpirant
Le rend en vn clin d'œil amoureux & mourãt,
Dans la mort & la vie.

VIII.

On meurt en voyant Dieu, bien qu'il foit le
viuant,
Son doux-violent foufle en l'efprit arriuant
Il tombe en defaillance,
Lors il meurt à foy-mefme en cet heureux fe-
iour,
Ainfi mourant de crainte, en luy vit de l'a-
mour
La deifique effence.

IX.

Eftãt donc fur ce Mont, facré voifin des Cieux,
Plus i'efleuois mõ cœur, mõ efprit & mes yeux
Moins ie voyois de chofes;
Ie ne vy rien du tout, fi faict ie vy ces trois
Dans lefquels vn feul Eftre en trois noms i'a-
dorois
Comme caufe des caufes.

X

Ie les vy fans les voir, de la pointte de l'œil,

SPIRITVELS.

Ie les vy seulement comme on voit du Soleil
　　Les rayons, non l'essence;
Ie vy trois purs rayons brillans & lumineux
Qu'adoroient humblement les Astres matineux
　　En saincte defaillance.

XI.

Ie les coniuray fort (si leur rauissement
Leur permettoit d'entendre à mon gemissement)
　　De loüer Dieu sans cesse.
Lors vn Ange me dit, il a tant de grandeurs
Qu'on ne sçauroit souffrir l'esclat de ses splendeurs
　　Sans mourir d'allegresse.

XII.

On meurt dedans le Ciel, mais d'vn si doux trespas
Qu'en Dieu tout abismé, la mort on ne sent pas,
　　Mais vne pure vie;
Si bien que les esprits en l'obiect transformez
Adorent bien-heureux ces trois amans aymez
　　Où toute ame est rauie.

CANTIQVE LXXI.

I.

IE voudrois bien sçauoir que c'est que ce beau tout
Sans principe & milieu, sans termes & sans bout,
    (Chere ame) c'est Dieu mesme.
Trin'vnique est-ce Tout sans principe & milieu,
Sãs termes & sans fin, & ce tout est mon Dieu
    Mon Paradis supresme.

II.

Quel Cãtique est-ce cy, que tu luy vais chantãt,
Tousiours le trois & l'VN, & le tout repetant?
    Tu ne fais que redire:
Il est vray, ie ne puis de beaux mots inuenter
Pour le ternaire & l'VN, auec la voix chãter
    Sur le Luth & la Lyre.

III.

L'homme parle en pur hõme en ce terrestre lieu,
Et l'ame parle en Ange & non pas cõme Dieu
    Qui seul se peut comprendre;
Dieu seul parle de Dieu en soy diuinement,
Et le Pere parlant de son entendement

Son Fils vnique engendre.

IV.

I'adore la Pensée & le verbe diuin,
Et coniure en esprit le sçauant Cherubin
 De louër ceste Essence
Laquelle estant vnique en son regne constant
Cōtient trois nōs parfaicts dãs vn Estre existãt
 En trine subsistence.

V.

Ie ne sçay pas pourquoy ie pense si souuent
A ce diuin ternaire, à ce grand Dieu viuant,
 (Mourant quand ie n'y pense,)
N'est-ce point que mon cœur n'estãt qu'vn feu
 d'amour,
Comme vne flamme, aspire à son propre seiour
 Où sans cesse il s'eslance?

VI.

Ie croy ce qu'ō me dit de ce grãd Roy des Cieux,
Que le Pere est puissance, & le Fils glorieux
 La sagresse supresme,
Le S. Esprit amour, mais mon cœur amoureux
Voyãt que c'est l'amour qui le rēd biē-heureux
 Dit qu'ils sont l'amour mesme.

VII.

O throsnes du Tres haut chantez la sainčteté,
S.S.S. le Seigneur en toute eternité,
 Son essence est tres-saincte;
Chantez sa sapience au celeste seiour

O brillans Cherubins, chátez (enfans d'amour)
    Son amour & sa crainte.

VIII.

Vous mariez la ioye auec le tremblement
(Chantres du souuerain) dans le rauissement
    En chantant son Cantique:
C'est vn Roy glorieux & plein de majesté,
C'est le grãd Dieu des Dieux, Roy de l'eternité,
    Tres-haut & magnifique.

IX.

Sus marions nos voix auecques nos luths d'or,
Prenons en main la harpe auec la lyre encor
    Pour chanter ses loüanges,
Et ne faisant qu'vn cœur auec tous les benis,
Ayons auec la voix tous nos cœurs bien vnis
    Auecques tous les Anges.

X.

Qu'il est grand, qu'il est sainct, qu'il est digne
    d'honneur!
Certes luy seul est Dieu, luy seul est le Seigneur,
    Luy seul est Roy supresme,
Luy seul est mon salut, ma ioye & mon secours,
Et luy seul est ma gloire & toutes mes amours
    Car luy seul est Dieu mesme.

XI.

Que la Vierge le chante en toute eternité,
Que le celeste Aigneau, en parfaicte vnité
    Celebre sa memoire:

Qu'il soit à tout iamais son luth melodieux,
Son Cantique & sa voix, car c'est le Dieu des
   Dieux
   Qui luy-mesme est sa gloire.

CANTIQUE LXXII.

I.

O Seigneur Eternel, sainct Espoux floris-
   sant,
Tousiours ieune & parfaict, iamais n'enuieil-
   lissant,
   Sans fin, sans origine,
Principe sans principe & sans tēps ny milieu:
Demandez-vous que c'est ? C'est l'estre de mon
   Dieu
   Qui iamais ne termine.

II.

C'est le commencement sans nul commencemēt,
Ce principe sans temps dure eternellement
   En sa belle verdure;
Si nous ne pouuons pas à peine conceuoir
De nature l'effect, comment pourrions nous voir
   Le Dieu de la nature?

III.

Il est seul eternel, entens-tu bien que c'est

CANTIQVES.

Que ceste eternité que toute on ne cognoist
    Dans l'eternelle essence?
Nous côprenons que c'est que le iour & le tëps,
Mais l'esprit pensant voir cet eternel printemps
    Il tombe en defaillance.

IV.

Cent ans bien accomplis font vn siecle en effet,
Vingt-quatre heures font vn iour plein & par-
    faict
    De la nuict & iournee;
L'eternité sans nuict est le siecle du Roy,
Son beau iour & son temps, elle donne la loy,
    Au siecle & à l'annee.

V.

C'est l'ancien des iours côme vn grand S. le vid,
Et le voyant ainsi, son esprit se rauit
    Dans cet obiect supresme;
Il n'est icune ny vieil, il est tousiours nouueau
Aux Anges, à soy-mesme, & florissät & beau
    Immuable & le mesme.

VI.

O les beaux Diamants dont le throsne de Dieu
Esclatte aux Cherubins, dans le lieu sur tout
    lieu!
    O que son Diadesme
Est embelly de fleurs, œillets, roses & lys
D'vne admirable odeur! ô le doux Paradis
    De voir ce throsne mesme!

SPIRITVELS.

VII.
Ie croy biẽ, car ce throſne eſt le Royaume heureux
Que ce grãd Dieu reuele aux eſprits amoureux
   De ſa gloire adorable;
Les Troſnes, les vertus, les Anges de l'amour
S'y tiennent en reſpect & chantent à l'entour
   Sa loüange admirable.

VIII.
Silence, car i'entens vn Ange qui me dit
Que ce throſne eſt caché, qui en parle en meſdit
   On l'admire en ſilence;
Que tout l'homme ſe taiſe & l'adore en eſprit;
Penſant à ſes grãdeurs, mon ame trẽble & rit;
   heureuſe ſouuenance!

IX.
Ne pouuant vne nuict ſommeiller nullement
Mon Ange me porta en vn petit moment
   Sur vn mont ſolitaire;
M'ayant dit trois en VN, il ſe teuſt & deſlors
Mon eſprit entendit en la terre des morts
   Des viuans le myſtere.

X.
L'Ange s'en reuola ayant dit trois en vn,
Alors ſeul meditant que c'eſt que ce trin'vn
   Mon ame fut rauie;
La pauurette entendit en ce rauiſſement
Que ce diuin ſecret paſme eternellement
   Tous les Saincts & Marie.

CANTIQVES XI.

Au poinct que ie quittois ce mont voisin des
    Cieux
I'ouys vne autre voix qui d'vn air gracieux
    Chantoit ce doux Cantique,
Bien-heureux est celuy qui croit en Iesus Christ
Vn Dieu sous ces trois nõs, Pere, Fils, S. Esprit,
    Nostre Roy magnifique.

CANTIQVE LXXIII.

I.

Ayant dedans le Ciel le cœur tout esleué
Et les yeux & les mains auec vn grand
    Prophete
Qui vers le Sainct des Saincts, leuant son ame
    abstraicte,
Dãs les nuicts de l'amour son Seigneur a trouué,
De l'espoux glorieux ne pouuant voir la face
    En secret ie l'embrasse.

II.

Dans ce diuin baiser qui me brusle en ses feux
Ie ressens plus d'amour que non pas de lumiere,
Mon esprit est rendu moins sçauant qu'amou-
    reux,
Voyant en son midy ceste Essence
    premiere;

Il vaut mieux ignorer ceste cause des causes
Et gouster toutes choses.

III.

Goustez (dit le Prophete) & voyez que l'espoux
Est doux au cœur amant ayant experience
De ses suauitez; voyez qu'à la science
Il prefere l'amour qui donne les vrays gousts;
Sans doute il sçauoit bien qu'amour est le grād
  maistre
  Qui seul fait Dieu cognoistre.

IV.

L'amour accroist la foy, va perfectionnant
En l'ame les vertus, la nourrit comme mere,
Il luy monstre l'Esprit & le Fils & le Pere
En l'Orient du cœur à midy rayonnant;
L'ame amante de Dieu, de visions tres-claires
  Voit les diuins mysteres.

V.

En voicy la raison, c'est que l'esprit vny
Par amour auec Dieu, voit en luy toutes choses,
Mesmes il entreuoit en la cause des causes
  Vn obiect infiny;
Qui? ie ne sçay que c'est, car ceste vnité belle
  Au rien ne se reuelle.

VI.

Si S. Iean n'auoit dit que Dieu n'est rien qu'a-
  mour,
Amour, ceste vnité ie n'oserois pas dire,

CANTIQVES

Si dans le nom d'amour la Trinité i'admire,
Ie parle en Courtisan de la celeste Cour,
Les Anges l'adorant en son Palais supresme
   L'appellent l'amour mesme.

VII.

Ie croy que dãs le Ciel au throsne de l'Aigneau
Ce doux nom de l'AMOVR incessamment re-
  sonne,
Que l'Ange le redit, que la Vierge l'entonne,
Et croy que c'est aussi ce Cantique nouueau
Que les Vierges (suiuãt leur Espoux magnifique)
   Chantent d'ame extatique.

VIII.

Par amour tout fut faict, & la nuict & le iour,
Les Anges & les Cieux & la terre feconde,
Et par amour sera renouuelé ce monde,
Ie dy par ce doux feu qui n'est qu'vn pur a-
  mour,
Ie veux chanter aussi dãs mon excez supresme
   Que l'amour est Dieu mesme.

IX.

On dit que Dieu crea l'ame semblable à soy,
Mais si Dieu n'est qu'amour, ie veux n'estre au-
  tre chose
Afin de ressembler à ma parfaicte cause,
Sus enflammez mon cœur (mon Seigneur &
  mon Roy)
Transformez mon esprit en vous (mõ exẽplaire)

SPIRITVELS.

Par l'amoureux mistere.

X.

Ie ne suis rien que glace, & tous les Seraphins
Sans vostre S. Esprit ne seroient rien que glace;
Influez vn rayon de vostre ardante face
Pour embrazer mon ame auec vos feux diuins,
Faictes vn Seraphin d'amour non de nature
   Par vostre grace pure.

XI.

Helas! ie meurs d'amour! ie ressens dãs mõ cœur
Vn traict à trois rayons qui doucement me tuë,
Ie le sens sans le voir, qu'ay-ie affaire de veüe?
Ie beny cet Archer, sa fleche & ma langueur:
Seigneur ie veux mourir pour vostre vnité saincte
   D'amour & non de crainte.

CANTIQVE LXXIV.

I.

Mon Esprit s'esleuant aux cachots ma-
   gnifiques
Dans le rayon diuin des tenebres mistiques,
   Tout confus & rauy,
Ie vy ce qu'on ne peut penser ny moins escrire,
Ainsi ie vous dy tout en ne pouuant rien dire
   De tout ce que ie vy.

II.

Ie vy Dieu sans le voir, car il est inuisible,
Et quand on pourroit voir cet Estre inaccessible
    On n'en pourroit parler:
Vn Prophete ayant veu cet incomprehensible
Begayoit A, A, A, Sa grandeur indicible
    Ne pouuant reueler.

III.

Or voir Dieu sans le voir, qu'est Ce? pourrois-ie
    dire
Ce qu'au plus haut excez vne ame saincte ad-
    mire?
    (Pauuret) ie ne puis pas:
N'est-ce point que la pointe ou le sommet de
    l'ame
Sentant vn doux rayon du Soleil elle pasme
    Dans l'amoureux trespas?

IV.

Ie ne sçay pas que c'est, mais dans ceste igno-
    rance
I'aymerois mieux mourir au sein de Sapience
    Que viure sans la voir:
Sans la voir? qu'ay-ie dit? O Seigneur, ie blas-
    pheme,
On ne voit en ce corps l'esprit de Dieu supresme
    Qu'au sensible miroir.

V.

He! que fais-tu (mon ame) eslançant ta pensee

SPIRITVELS.

Deuers ce pur obiect, estant comme insensee
   Tu ne sçais que tu dis:
Ceste confusion que l'on ne trouue estrange,
Deuant vn si grand Roy se trouble l'ame & l'Ange
   Dedans le Paradis.

VI.

Heureux trouble pour l'ame & pour le sainct encore,
Dans sa confusion, son Seigneur il adore
   En son rauissement:
C'est le bon-heur des saincts de perdre la memoire,
L'esprit & iugement, afin de donner gloire
   Au Roy du firmament.

VII.

Me souuenant des trois que ma debile veüe
Entreuist vne nuict au milieu de la nüe
   En l'excez de l'esprit.
Mon ame alienee hors de ses sens à l'heure
Pense estre auec les Saincts en la haute demeure
   Où regne Iesus-Christ.

VIII.

O que ie vy de Saincts! ô que ie vy d'Archanges!
Qui sans reprendre haleine annonçoient les loüanges

CANTIQVES

De cet VN & ces TROIS;
L'Esprit qui sur l'Esprit, pour l'inspirer aspire
Donne le ton aux Saincts, & sur eux il respire
  Pour leur donner la voix.

IX.

Vne puissante voix tres-pleine d'harmonie
Venant du throsne sainct, en douceur infinie
  Chante son Alleluya,
Les SS. comme vn Echo, le receuant des Anges,
Les Anges de l'ESPRIT, ils chantent les loüanges
  De ce grand IEHOVA.

X.

Les Anges võt chantãt, ô qu'il est admirable!
Tous los Saincts vont disant, il n'a point son semblable!
  Tout résonne en ce lieu.
La Vierge, ses grandeurs en son cœur magnifie,
L'Aigneau la Trinité dignement glorifie
  En chantant il est Dieu.

XI.

Qui chante le Cantique auec ce doux silence
Qui tient tous les Esleuz en saincte defaillance,
  Rauis dans l'vnité?
C'est Dieu qui côme Dieu se loüe & magnifie
Et par sa propre gloire à iamais glorifie
  La saincte Trinité.

CANTIQVE LXXV.

I.

NON, ie n'ay plus de cœur, d'esprit ny
 de memoire
Depuis l'heureuse nuict que i'entreuy la gloire
 Du Monarque d'amour,
Nuict deuant qui mes iours ne sont qu'vne
 vaine ombre,
 (Nuict plus claire qu'vn iour)
Des iours de Paradis, ie te veux mettre au
 nombre.

II.

Où dõc est ma memoire? en Dieu toute abismee;
Où mon intelligence? elle est toute pasmee
 Au sein de sa beauté;
Où est mon pauure cœur? que ie le voye encore!
 Au sein de sa bonté,
Dans le cœur de Iesus, le trin'vn il adore.

III.

Ie voudrois bien sçauoir quel est ce diuin estre
Qui deuore l'esprit; on ne le peut cognoistre,
 Il est trop rauissant;
Le regard glorieux de l'ineffable essence
 N'est vn acte puissant

Mais une passion de la simple ignorance.

IV.

Esleue ton esprit bien haut dessus la nuë
Ains dessus tous les Cieux, pour voir l'essence nüe
  Et sans forme & sans corps;
Tu ne pourras en voir les rauissantes ombres;
  En la terre des morts
L'homme ne sçauroit voir que des obiects tres-sombres.

V.

Pour bien voir du Soleil la lumiere supresme
Faudroit auoir les yeux dedās le Soleil mesme,
  Mais trop haut est son lieu;
Pour bien cognoistre Dieu le Soleil des essences
  Il faudroit estre en Dieu
Rauy dans les splendeurs de ses magnificences.

VI.

Il faut estre au seiour de la vraye lumiere
Pour apprendre que c'est que l'essence premiere
  Trois poincts dedans un poinct
L'homme ne peut comprendre en la sombre demeure,
  Il ne la cognoist point
Sans la voir, ny la voit iusques à tant qu'il meure.

VII.

Pour entreuoir cet Estre esleué sur tout estre

SPIRITVELS.

Il ne faut s'esleuer, il se faut recognoistre
    Vn rien deuant ses yeux,
Il fuit l'entendement qui le pense comprendre,
    Cet obiect glorieux
Dãs la mort de l'amour à voir on peut aprẽdre.
    ~~Sans esprit et sans yeux.~~

VIII.

Nostre esprit veille en Dieu lors que le sens
    sommeille,
Et dés que l'homme est mort, en luy Dieu vit &
    veille,
    Et luy preste ses yeux
Pour voir son Createur, non dedans la lumiere
    Mais au brouillats heureux
Qui cache aux sentimens ceste cause premiere.

IX.

Que c'est vn grand bon heur de ne pouuoir co-
    gnoistre
Ce grand Roy glorieux, ce simple Estre de l'estre
    En ses viues splendeurs!
C'est de sa Maiesté le diuin tesmoignage,
    Ses brillantes grandeurs
L'ame peut entreuoir au mistique nuage.

X.

Iamais le Dieu viuant nous ne pourrons com-
    prendre,
Ny le voir de nos yeux tandis que sous la cendre
    Le feu sera caché:

CANTIQUES

Cet Acte simple & pur, icy ne se reuelle
    Au cœur plein de peché
Mais à l'ame impeccable en la gloire eternelle.

XI.

Dieu non le Dieu des morts mais des viuans se
    nomme,
Il est veu des viuans, il n'est pas veu de l'hōme
    En ce tombeau mouuant,
Il verra dans le Ciel ce grand Dieu de la vie
    Appellé le VIVANT,
Par les yeux de Dieu mort, qui sa mort a rauie.

CANTIQVE LXXVI.

I.

Que le Seigneur est grand! il est grand sans
    mesure,
Immense est sa bonté, sa parfaicte nature
    Semble n'estre qu'amour:
De son estre absolu s'enfuyant toute essence,
O mistere, tout estre à son estre s'aduance
    Comme à son vray seiour.

II.

Deuant luy (dit S. Iean) le Ciel, la terre encore
Fuyent soudainement, car tout estre il deuore:
    Iesus, C'est moy disant
Rēuerse les soldats; quād Dieu le droict demāde

De son estre infiny, il faut que tout descende
   Au cachot du neant.

III.

Tous les effects sõt morts deuãt leur viue cause,
Deuant l'infinité y a-il quelque chose
   Qui puisse subsister?
Sans Dieu tout periroit, luy ayant donné vie,
C'est ce qui decourir vers Dieu l'homme cõuie
   Sans iamais s'arrester.

IV.

S'il n'y auoit qu'vn pain en toute la nature
On ne verroit au monde aucune Creature
   Qui n'y courust tousiours:
Dieu seul est le vray pain qui donne vie aux
   ames,
Courõs dõc sans relasche, esprits de viues flãmes
   Vers nos sainctes amours.

V.

Tirez (ô cher Espoux) mon ame languissante
Afin de bien courir à l'odeur rauissante
   De vos onguens diuins,
Apres vous tous les Saincts, les Vierges & les
   Anges
Courent incessamment & chãtent vos loüãges
   Sur des airs souuerains.

VI.

Mais qu'est-ce que i'entens? ô la belle harmonie!
Elle remplit mon cœur de douceur infinie,

Oyez, ils sont trois voix;
Ce sont trois Cherubins qui chantant la mer-
 ueille
Du mistere diuin, rauiroient par l'oreille
 Les cœurs des plus grands Rois.

VII.

Ie suis pasmé de ioye & d'amour tout ensemble,
Mon cœur en mesme temps rit & iubile &
 tremble
 En ce bien-heureux lieu:
Ie ne voy plus ces trois qu'en vision obscure,
Si par le sentiment cet obiect se mesure
 Ie croy que c'est mon Dieu.

VIII.

Quel prodige nouueau ! car ces trois disparois-
 sent,
Et comme vn beau Soleil à mes yeux apparois-
 sent,
 O qu'il est radieux !
C'est vn astre plus clair que le Soleil encore,
Vn Ciel sans mouuemēt, vn Soleil sans aurore,
 Pour luy ie n'ay point d'yeux.

IX.

C'est vn Estre sur l'estre, essence sur l'essence,
C'est vn pur intellect sur toute intelligence
 Plein de simplicité;
C'est vn acte tres-simple, vne pure substance,
Vne vnité parfaicte en trine subsistence,
 La mesme

La mesme eternité.

X.

De l'estre glorieux ie n'ay rien dit encore,
N'en ay-ie point mesdit? tout puissant il de‑
 uore.
 L'estre & l'aneantit,
(I'entend celuy qui pense estre en soy quelque
 chose)
Mais il fait subsister l'effet humble en sa
 cause
 Qu'en elle il conuertit.

XI.

Gloire soit à cet Estre à l'homme inaccessible,
Gloire soit à l'Aigneau qui s'est rendu passible
 Pour nous rendre immortels:
A Dieu soit toute gloire en trois personnes
 pures,
Qu'au milieu de leurs cœurs toutes les crea‑
 tures
 Luy dressent des autels.

CANTIQVE LXXVII.

I.

O Deité fontale! ô substance sans termes!
 O Fils, ô S. Esprit, sacrez & diuins
 germes,

Clairs surgeons du grād sein fecōd & paternel!
Ie cōiure la Vierge & les Sainɛts & les Anges
    Le nom de l'Eternel
Nō pas de m'enseigner, mais chāter ses loūāges.

II.

Vous n'auez point de nom digne de vostre es-
    sence,
Qu'ay-ie dit? ie blaspheme en excez d'ignorāce,
(Grand Dieu) nous vous nommons Pere, Fils,
    S. Esprit
Et de mille autres noms dignes de la memoire,
    Mais vn seul Iesus-Christ
Vous appelle du nom, signe de vostre gloire.

III.

En luy disant, Mon Fils, il vous respond, Mon
    Pere,
Eternellement né de vostre sein sans mere,
Tous deux vous appellez l'Esprit sainɛt vostre
    amour:
Ce pur parler de Dieu aux hommes ne s'ex-
    prime
    En ce mortel seiour,
Pour des sujets si bas il est par trop sublime.

IV.

Quād on me dit le Pere, au fond de mon essence
Vne secrette horreur s'escoule en la puissance
De mon debile esprit qui me fait admirer:
Quand ie nomme le Fils, mon ame se console

Sans plus rien desirer,
Disant ô S. Esprit! au Ciel le cœur s'enuole.

V.

Pẽsant qu'il est mõ Dieu denãt l'aube du mõde
Mon cœur est tout pasmé, peu s'enfaut qu'il ne
   fonde
Aux rayons tres-ardans du Soleil glorieux,
Et la foy me disant, vn Dieu dans le ternaire,
   L'esprit n'ayant point d'yeux
Voudroit estre tout cœur pour aymer ce mistere.

VI.

Voyant les trois diuins qui ne font trois essences
Ie leur vay cõsacrant mes trois foibles puissãces,
Mon Esprit est rauy pensant à l'Vnité
Ie luy dõne mon cœur, ma substance & ma vie,
   Pour ceste Trinité
Ie vis & meurs d'amour & mõ ame est rauie.

VII.

Qu'on ne me parle plus de la terre feconde,
Du Ciel, des Elemens, c'est le monde du monde
Que ceste Trinité des Anges le seiour:
C'est la peine d'enfer que de viure sans elle,
   Vn Paradis d'amour
A l'ame languissante au monde elle reuelle.

VIII.

Ie ne peux exprimer quelle beatitude
L'ame gouste auec elle en ceste solitude
En laquelle ayant trois elle à l'VN, elle à tout,

M ij

Las! ie m'efforce en vain, le pensant de l'escrire,
  Car son celeste goust
Tout ainsi qu'il le sent, mon cœur ne sçauroit
dire.

IX.

Goustez & vous verrez combien Dieu est
suaue,
C'est estre Roy du Ciel que d'estre son esclaue,
Estre serf de l'amour c'est estre vn Empereur;
Ie ne donnerois pas pour le mondain empire
  Ce lien qui mon cœur
Heureusement enchesne à l'VN que ie respire.

X.

Ce ternaire & cet VN si doucement me lie
Que i'estime le monde vne pure folie,
Si que n'ayant plus d'yeux pour voir la vanité
Ie n'en ay point aussi pour voir le S. mistere
  De ceste Trinité,
Mais vn cœur pour aymer cet obiect necessaire.

XI.

O necessaire amour! necessité tres-chere!
Helas! nous perissons si l'ame prisonniere
N'ayme parfaitement le Roy du Paradis;
Aymons le Pere & Fils, le S. Esprit encore,
  Et que l'VN, nos esprits
Pour les vnir à soy, prene, enflamme & deuore.

CANTIQUE LXXVIII.

I.

FErmant les yeux à tout, ie demande des aisles
Pour voler en esprit aux voutes eternelles,
    Mon desirable lieu;
Non pas des aisles d'Aigle, ains de Colõbe pure
Afin de me nicher aux troux de la masure,
    Non au throsne de Dieu.

II.

Toutesfois de Iesus le costé deïfique,
Des bontez du Seigneur est le throsne mistique,
    Auquel l'ame volant
Elle y void du Tres-haut la grandeur admirable,
Les amours, les attraits de son cœur secourable
    Qu'il luy va reuelant.

III.

Elle y voit les secrets que l'homme peut cognoistre,
Et si la Trinité luy pouuoit apparoistre
    En ce mortel seiour,
Sans doute elle y verroit cet Estre inaccessible
Qui fuit l'entendement, & ne se rend visible

Qu'à l'œil du pur amour.

IV.

Mourons selon le sens à ces mutelles choses,
Mourons afin de plaire à la cause des causes
    Aux objects du bas lieu;
Lors estât desnüez du mode & de nous-mesme
Ne regardant plus rien que nostre rien extresme
    Heureux nous verrons Dieu.

V.

Il est dedans nostre ame, & dedans luy nous
    sommes,
Mais helas il est Dieu, & nous indignes hômes,
    Comment le verrons nous?
Ce ne sera des yeux ny du corps ny de l'ame
Mais des yeux par lesquels, en figure de flâme
    Elle void son Espoux.

VI.

Ainsi l'ont veu les Saincts & les divins Pro-
    phetes
(Estât dedãs ce corps) aux demeures abstraictes,
    Non pas mentalement;
Non dans le vol hautain de la vaine pensee,
Mais dans le vol d'amour de nostre ame eslãcee
    Au cœur de son amant.

VII.

Tirez mon ame à vous, afin qu'elle vous suiue,
Tirez la (cher Espoux) s'il vous plaist qu'elle
    viue,
    Las! donnez luy secours,

Elle meurt, elle halette apres sa derniere heure,
Faictes (si vous l'aymez) que la pauurette meure
 Au sein de ses amours.

VIII.

Que ie suis amoureux de la Trinité saincte!
Ie suis rauy de ioye, & ie tremble de crainte
 Deuant ses yeux ardans;
Les Anges n'osent pas ietter les yeux sur elle
Qu'à l'instant que l'Aigneau sa face leur reuelle
 Et les va regardans.

IX.

Lors ie dis, ô mistere! helas puis que les Anges
N'osent la regarder, quels prodiges estranges
 Deuant Dieu de pecher?
Vn homme aupres du Roy redoute sa presence,
Et ne craint deuant Dieu de commettre vne offense
 Qu'il ne luy peut cacher.

X.

Pensons, pensons à nous (Chrestiens) Dieu nous regarde,
Son œil misterieux nous regardant nous garde
 De tout mortel peché?
Nous sommes tout à luy, luy tout à nous encore,
Pensons à le seruir dés le poinct de l'aurore
 Iusqu'au Soleil couché.

M iiij

Le Soleil des esprits pour nous iamais ne cou-
che,
Des rayons de sa grace inceſſamment nous tou-
che,
  Sans fin penſons en luy:
Le grãd Dieu de Iacob (mon Rocher immuable)
De toute eternité est mon Dieu secourable
  Comme il est auiourd'huy.

CANTIQVE LXXIX.
I.

LE Seigneur est nommé de mille noms in-
 ſignes
Pource qu'il est VN tout, mais ils sont tous in-
 dignes
  De ses sainctes grandeurs:
Il est appellé Sainct par trois fois en miſtere
Pour nous repreſenter l'adorable ternaire
  Tout remply de ſplendeurs.

II.

Mais ayant pluſieurs noms il n'en a point en-
 core
Exprimant proprement Cet Estre que i'adore;
  Le Pere, Eſprit & Fils

SPIRITVELS.

Sont des noms qui n'estans dignes de sa sub-
stance
Declarent aux mortels ces trois qui dans l'es-
sence
  Regnent en Paradis.
   III.
C'est ce grand IEHOVA, celuy qui l'ame &
l'Ange
Rauit en pure extaze en chantant sa loüange
  Au sein de Iesus Christ,
Adorons en esprit de foy sincere & nüe
Vne tres simple essence en ces trois recogniie,
  Pere, Fils, S. Esprit.
   IV.
Voila ce que ie croy, mais lors que ma pensee
Sur le mistique mont priant est eslancee
  Des merueilles ie voy,
Quoy? ie ne sçay si c'est Ceste cause des causes,
Mais quand i'aurois l'esprit de vous dire ces
choses
  Vous n'auriez pas la foy.
   V.
C'est vn estrange faict que le trop charnel hôme
Depuis qu'il a gousté de la fatale pomme
  Ne sçait que c'est des Cieux.
Et pensant qu'on n'esprouue en ce monde autre
gloire
Ny plaisir que des sens, ignorât n'en peut croire
   M v

De plus delicieux.

VI.
Le charnel (dit S. Paul) les sucs diuins ne gouste,
Mais s'il auoit tasté vne petite goutte
    Des douceurs de l'Esprit
Il diroit que le goust des delices sensibles
Est insipide au prix des mets intelligibles
    Que nous sert Iesus-Christ.

VII.
Ie ne parle des vols que faict l'ame amoureuse
Ny des contentemēs que (presque biē-heureuse)
    Elle reçoit aux Cieux,
I'ignore ce secret, ie voudrois estre digne
De la Manne du Ciel, car ce seroit vn signe
    Du loyer glorieux.

VIII.
Ie diray seulement qu'vne petite larme
Pour Iesus Christ versee est vn si puissāt charme
    Quand elle vient de Dieu,
Que l'ame est hors de soy quand elle la distille
Par l'alambic d'amour, dans vn cœur bien tranquille
    Pasmé dans le sainct lieu.

IX.
Les plaisirs de l'Esprit sōt les plaisirs des Anges
L'ame versant ces pleurs annonce les loüanges
    De son Roy glorieux,
Elle n'est plus au corps, en la terre de vie

volant auec son Ange, elle est toute rauie
Au costé precieux.
X.
Le costé de Iesus est la terre nouuelle,
C'est le troisiesme Ciel auquel Dieu se reuelle;
Trois en vn, vn en trois,
Elle voit là tout Dieu, elle y voit le Dieu hõme,
Et dãs ce nid d'amour dormãt vn petit somme
Ne porte enuie aux Rois.

XI.
Son cœur lors ioüiroit du Paradis supresme
En ce plaisant seiour s'il y voyoit Dieu mesme,
C'est vn doux Paradis,
C'est le Paruis des Saincts, des Cherubins le temple,
Les secrets du salut elle y void, & contemple
Le Pere, Esprit & Fils.

XII.
Elle ne les voit pas encor de pleine veüe
Mais comme le Soleil est veu dans vne nüe,
Elle ne voit pas Dieu,
Mais elle voit alors tant de Dieu que sa vie
Abismee au trin' vn, à peu pres est rauie
Comme au celeste lieu.

CANTIQVE LXXX.

I.

O Sein tout glorieux, sans forme & sans
matiere
Par dessus toute forme, exemplaire & lumiere,
Estre, vie, intellect:
Acte si simple & pur, que du sein de nature
L'esprit le plus abstraict
N'est rien à son regard que meslange & qu'or-
dure.

II.

Ie ne demande pas ceste faueur d'entendre
Celuy que nul esprit iamais n'a sceu cōprendre
Ny comprendra iamais;
Mais voyant mon neant, ie demande licence
D'admirer aux effets
Le principe eternel, l'essence de l'essence.

III.

Que le Seigneur est grand! pompeux & ma-
gnifique!
Il marche sur les Cieux, sur l'essence Angelique
Que sous ses pieds il tient;
Les brillans Cherubins luy seruent d'escabelle,
En trois doigts il soustient

SPIRITVELS.

Tout ce grãd Vniuers, que son ombre on appelle.

IV.

Au monde nous voyõs sa sagesse & puissance
Et sa douce bonté, mais non pas son essence
    Car il ne sort iamais
De son estre infiny, tousiours en luy demeure
    Son glorieux Palais
Que l'homme ne peut voir iusques à tant qu'il meure.

V.

Ceste illustre maison en voute suspenduë,
Faicte de Diamans d'vne immense estenduë
    Ne borne le tres-haut;
Il n'est enclos du Ciel ny de la masse ronde,
    Deuant luy tout defaut,
Luy seul estant son Louure & son Ciel & son monde.

VI.

L'Ange est plus beau qu'vn mõde, & mesme il est immense
Au respect de ce tout, & pour son excellence
    Dieu se plaist en ce lieu
Ainsi qu'en la belle ame ou il seiourne encore;
    Mais le Palais de Dieu
Est l'estre glorieux qu'en trois noms on adore.

VII.

Miracle! l'Eternel, (auquel rendent seruices
Les heureux Seraphins) vient predre ses delices.

Au sein de l'humble Esprit:
Certes ie meurs d'amour quand i'y pense & repense,
Mon cœur se pasme & rit
Voyant qu'il loge en soy l'inaccessible essence.

VIII.

Celuy qui remplit tout de soy sans nul espace
Ne loge seulement par estre, mais par grace
Dans cet humble sejour.
Ainsi l'homme est faict Dieu (qui pour luy se fit homme)
Rendons grace à l'amour
De la Trinité saincte, & non pas à la pomme.

IX.

Les trois ont creé l'homme, & les trois l'ont encore
Rachepté de la mort qui tous les corps deuore
Et non pas les Esprits;
Les trois interuenans au rachapt salutaire,
Le Verbe seul a pris
Le vestement mortel pour mourir au Caluaire.

X.

Que ce mistere est grand! qui le pourroit comprendre?
Estant dedans le Ciel l'homme le peut entendre
Mais non totalement;
Dieu seul entend de Dieu les secrets ineffables;

SPIRITVELS. 277
L'humain entendement
s'Abisme heureusement dans ces mers admirables.

XI.

Dieu seul est tousiours Dieu, sans qu'en rien il
s'esmeuue,
L'homme bien qu'esleué tousiours homme se
treuue
Ayant l'estre finy,
Estant tiré du monde au grand sein de Dieu
mesme
Il chante à l'INFINY,
De la trin'vnité le Cantique supresme.

CANTIQVE LXXXI.

I.

Qvãd ie pense au torrẽt de l'eternité toute
Que l'Ange boit ensemble & non pas
goutte à goutte
En Dieu tout à la fois,
(Torrẽt tout rauissant & tout espouuantable)
Ie dis en mon excez, ô torrent admirable!
Heureux si dans tes eaux vn iour ie me noyois.

II.

N'es tu point ce torrent qu'Ezechiel Prophete
Voulant passer vn iour, en eust eu sur la teste

CANTIQVES

S'il eust suiuy ses sens?
Non, car dans ce torrent il eust perdu la vie,
Et dans l'eternité toute essence est rauie
Dans les fleuues d'amour, tous plaisirs surpas-
 sans.

III.

Ce fleuue impetueux remplit la Cité sainéte
De plaisirs eternels, le voyant on a crainte
 Mais beaucoup plus d'amour:
Il est fleuue & torrent, car son eau perennelle
Estonne & rauit l'ame, & quand Dieu la re-
 uelle
L'Ange adore & se pasme au celeste sejour.

IV.

Trois fleuues tout pareils dedans la Cité neuue
L'ame voit hors du corps ayant passé le fleuue
 Du sang de Iesus-Christ:
Ses yeux envoyent trois, son cœur vn seul adore,
Et comme vn grand torrent Ce fleuue la deuore
Pour auecques Dieu mesme estre faiét vn esprit.

V.

Elle y void des grandeurs qu'elle ne peut com-
 prendre,
Elle y void en excez qu'vn fleuue vn fleuue en-
 gendre,
 Et vn troisiesme encor
En toute eternité des deux fleuues procede,
Le regard de ces trois (qui toute ioye excede)

La rauit à iamais dans ce grand fleuue d'or.
VI.
Ces fleuues sont plus beaux que le gange & pactole;
L'vn le Pere est nommé, le second la parole,
Le troisiesme Esprit sainct,
Ces trois fleuues sont vn dans la mer eternelle,
Et ceste grande mer qu'aux Esleuz il reuelle,
Est vn torrent d'amour, des abismes enceint.
VII.
O torrent eternel! doux moment qui ne passe!
Heureux qui faict profit des momës de la grace
Pour gaigner ce moment!
Celuy qui sert bien Dieu, qui ne le sert encore,
Le torrent eternel l'vn & l'autre deuore,
L'vn & l'autre à iamais brusle diuersement.
VIII.
L'homme de bien void Dieu d'vne veüe eternelle
Et brusle au feu d'amour que le verbe reuelle
A son ame en ce lieu:
Mais iamais le meschãt ne pourra voir sa face,
Esprouuant en enfer & les feux & la glace
En toute eternité tant que Dieu sera Dieu.
IX.
O moment! ô tourment! ô vie! ô mort cruelle!
O moment glorieux que le trin vn reuelle
A tous les bien-heureux!

O moment eternel que tu es admirable!
O belle Eternité que tu es desirable
A tout fidelle cœur du ternaire amoureux!

X.

C'est dans le sein de Dieu que l'Eternité saincte
Apparoist à nos yeux nõ sans respect & crainte
Mais auec plus d'amour:
C'est dans l'Eternité que nostre ame est renduë
Sçauante en ce secret quelle voit en la nuë
De la foy salutaire en ce mortel sejour.

XI.

C'est là qu'elle verra comment Dieu se fit hõme
Pour apporter remede à la fatale pomme
Qu'Adam auoit mangé;
C'est là quelle verra de sa mort le mistere,
Celuy du Sacrement & tout leur ministere
Dans le sein de l'amour auquel l'homme est changé.

XII.

C'est là qu'elle verra la trin'vnique Essence,
Comme ces trois sont VN, autant que sa puissance
S'estendra par amour:
L'excez de son excez purement ineffable
C'est que ses yeux verront Ceste Essence admirable
Aux siecles eternels en ce diuin sejour.

CANTIQVE LXXXII.

I.

Qv'est-ce que ce grand Dieu, Ceste cause
 premiere?
Est-ce vne pure flamme, vne ardante lumiere?
 Vn Astre tout parfaict?
Est-ce vn Soleil de vie, vn firmament de gloire?
Ce n'est point tout-cela, mais pourtant il faut
 croire
 Qu'il est tout en effet.

II.

Nous ne pouuons auoir vne assez haute estime
De son Estre excellent, glorieux & sublime
 Sur tout temps & tout lieu;
Certes, nous disons moins de la cause des causes
Disant que le Seigneur est en soy toutes choses
 Qu'en disant qu'il est Dieu.

III.

Ce nom de Dieu comprend des misteres estranges
Voire infiniment plus que n'entēdent les Anges
 Ny n'entendront iamais,
Ils voyent dans le Ciel de Dieu toute l'essence
Non selō ce qu'elle est, mais selon leur puissāce,
 Tout, non totalement.

IV.

Assemblez en vn corps tout le parfaict de l'estre
Tant celuy que l'on void ou que lon peut co-
gnoistre
Qu'autre que Dieu ait faict,
Assemblez en vn corps les hômes & les Anges
Et cent mondes diuers, Ce sont choses estranges
De l'estre du parfaict.

V.

Assemblez le Soleil, la Lune & les estoilles
Tous ensemble luisans, tres-clairement sans
voiles.
En leur serenité;
Qu'est-ce que tout cela qu'vn brouillats ou
qu'vne ombre,
Qu'vn flambeau, qu'vn atome ou qu'vne nuict
bien sombre
Deuant la Trinité.

VI.

O Soleil du Soleil qui luisez dans le temple
De vostre eternité, lors que ie vous contemple
Ie ne voy qu'vn brouillas,
I'adore en m'esleuant, & lors que mon Idee
Est sur l'aile d'amour en vos paruis guindee
Ie dis, Seigneur! helas!

VII.

Vn Prophete crioit A, A, A, ie begaye,

SPIRITVELS.

Et i'en fay tout ainsi, quand vers vous ie m'es-
  saye
  De m'enuoller tousiours;
Mō foible esprit se perd & se fond & s'abisme,
Se confond & se trouble en ceste mer sublime
  Sans trouuer ses amours.

VIII.

Si fay ie trouue Dieu, ie l'entreuois encore
Comme le voyageur voit au poinct de l'aurore
  Les traces du chemin:
Ie l'adore en esprit, & du cœur ie l'embrasse,
Mais las! ie meurs d'amour de voir sa belle face
  Obiect du Seraphin.

IX.

Dans ce plaisant brouillas plein d'horreur sa-
  lutaire
I'ayme beaucoup mieux voir l'ombre de ce mi-
  stere
  Que du monde le iour;
Le monde est vn enfer qui les ames tourmente,
Et ie gouste à yeux clos à l'ombre rauissante
  Vn Paradis d'amour.

X.

Iesus disoit à Marthe, vn seul est necessaire,
C'est cet VN, c'est ce tout, c'est cet vn salutaire
  Que sa sœur recherchoit
Au tōbeau glorieux, criant d'vne voix forte
Auez vous veu celuy qu'en cherchant ie suis
  morte,

Et viuant me cherchoit?

XI.

Marie en trouuant deux encore n'est contente
Cherchant auec amour l'vnité rauissante
   Qui se trouue en ces trois:
Quels trois? ie ne sçay pas, ie n'en ay cognoissāce,
La foy m'ayāt apris qu'ils sont VN par essence,
   Rien plus ie ne cognois.

XII.

En ce brouillas diuin, ce grand trin' vn i'adore,
I'espere l'adorer dedans le Ciel encore
   Et le voir clairement:
Dans ces mistiques nuicts mon Soleil se reuelle
Par vn ardant amour au sein du cœur fidelle
   Non à l'entendement.

CANTIQVE LXXXIII.

I.

Dans le lieu sur tout lieu du mistique si-
  lence
Demeure dans soy-mesme vne eternelle essence
   Qui n'est qu'vn pur amour:
Qu'est-ce là? C'est mon Dieu qui n'est pas soli-
  taire,
   Car au diuin seiour
Il est vn en essence, & trois dans le mistere.

SPIRITVELS.

II.
Dans l'occulte cachot de sa gloire secrette
Des yeux du Cherubin absolument abstraicte
    Aucun n'entra iamais:
Vne tres-saincte horreur, au paruis de ce temple
    De l'eternelle paix,
Espouuente celuy qui sa gloire contemple.

III.
Dieu n'est seulement beau, parfaictement ay-
    mable,
Mais sainctement terrible, autant espouuan-
    table
    Qu'il est doux & clement:
C'est vne Majesté tres-saincte & rauissante,
    On l'adore en l'aymant,
Sa beauté nous rauit, sa grandeur espouuante.

IV.
L'excez du Paradis bien-heure la saincte ame
Qui dedans son neant deuant son Dieu se
    pasme
    Ainsi qu'vne autre Hester,
Le Roy la releuant du centre de son estre,
    Luy vient lors presenter
Pour vn signe d'amour le bout de son grand
    sceptre.

V.
Les grandeurs de mon Roy, à peine on pourra
    croire;

Les Anges regardant les splēdeurs de sa gloire
  Sont tellement rauis
Qu'ils n'osent s'eslancer dedans son Sanctuaire
  (Estans en ce paruis)
Sans le signal que Dieu leur donne par mistere.

VI.

Le Verbe les appelle & leur reuele encore
Et le Pere & l'Esprit, mais ces trois qu'on adore
  Dans vn Estre parfaict
Transportent tellement leur foible intelligence
  Dans le sein tres-abstraint
Qu'ils meurent dans eux-mesme en saincte de-
faillance.

VII.

Auec vn Roy Prophete ils chātent par mistere,
Mon esprit defaillant en vostre Salutaire
  Subsiste en mon Sauueur:
Comme amis de l'Espoux s'appuyās par delices
  Sur le bras du Seigneur
Ils montent au Sancta, sainct lieu des sacrifices.

VIII.

Tout estant consommé, comme a dit le grand
  Prestre,
D'vn parfaict Holocauste ils vont Dieu reco-
gnoistre
  Auecques tous les Saincts,
La Vierge auec les Saincts, les Saincts auec les
  Anges

En

En ces Paruis diuers
Chantent au Roy des Rois eternelles loüanges.

IX.

D'esprit humble & deuot ils benissent le Pere,
Le Fils qui de son sein est engendré sans Mere
　　Auec le S. Esprit.
Ayant loüé ces trois en parfaicte harmonie
　　Au cœur de Iesus-Christ
Ils benissent cet VN qui toute ame a benie.

X.

Si l'homme estoit tout yeux, tout esprit, tout
　　oreilles,
Iamais il ne pourroit, voir toutes les merueilles
　　Qui rauissent les Cieux,
Il ne pourroit ouir, il ne pourroit comprendre
　　De ce Roy glorieux
Les immenses grandeurs que seul il peut en-
　　tendre.

XI.

Adorons ce grãd Roy, n'ayons plus de memoire,
De vouloir & d'esprit que pour sa saincte
　　gloire,
　　Et n'ayons plus de cœur
Que pour aymer sans fin l'Eternel amour mesme
　　Terme de la langueur
De l'amant qui pour Dieu meurt d'une mort
　　supresme.

N

CANTIQUE LXXXIV.

I.

Qvi des Anges du Ciel, me dira quel est l'estre
Et la vie & la paix qu'on ne sçauroit co-
gnoistre
En ce terrestre lieu?
Qui me racontera de l'Aigneau la victoire?
Qui me dira la mort, le triomphe & la gloire
De Iesus homme Dieu?

II.

Adore (dit vn Ange) en esprit ces misteres
Les croyant simplement ils te sont salutaires
Non pas en les voyant:
Du divin Paradis l'eternelle Couronne
Par Iesus meritee, au voyant ne se donne
Mais à l'heureux croyant.

III.

Quãd du cachot mortel, cõme vne belle Estoille
L'amẽ reuole au Ciel, ayant tiré le voile
Des misteres parfaicts,
Alors en voyant Dieu elle void toutes choses;
On ne peut en sçachant ceste cause des causes
Ignoré les effets.

IV.

Qui voit le Dieu de Dieu, le verbe dans le Pere,
Le Pere dãs le Fils (qui sans fin naist sans mere)
    En eux le S. Esprit,
Verra-il pas aussi le secret du mistere
De l'Incarnation & celuy qu'au Caluaire
    Le doux verbe accomplist?

V.

De toute eternité la Trinité parfaicte
Par sa gloire infinie (absolument abstraicte)
    Regne en elle tousiours:
Mais Dieu reçoit au Ciel vne excellente gloire
En ce que l'homme & l'Ange aurõt tousiours
    memoire
    De ses sainctes amours.

VI.

Quelles sainctes amours? les amours de soy-
    mesme?
Ouy certes mais encor de cet amour supresme
    De nostre sainct Espoux
Lequel versant sõ sang pour l'erreur de la põme
Tout bõ a tesmoigné qu'il cherissoit plus l'hõme
    Que luy, mourant pour nous.

VII.

Quãt à l'estre de Dieu, sa paix, sa vie & gloire,
Quand nous serons au Ciel enclos dans la me-
    moire
    Du Pere glorieux,

Quãd nostre intelligence au Fils sera cõioincte,
Le cœur aus. Esprit, l'ame faicte en Dieu saincte
  Verra tout de ses yeux.

VIII.

Ayant l'œil espuré de la saincte lumiere
Elle contemplera ceste essence premiere
  Sans principe & sans bout;
Au monde on ne void rien que les ombres des
  nombres
Au Ciel on en voit trois, sans enigme & sans
  ombres
  Qui sont l'vn & le tout.

IX.

Elle verra tousiours ce beau Soleil reluire
En son midy parfaict ainsi qu'elle desire,
  Et sans fin goustera
Ceste paix qui tout sens & tout esprit surpasse,
Et sur l'ombre du corps, la Lune de la grace
  Au Soleil passera.

X.

Le Soleil du Soleil est le verbe supresme,
Le Soleil eternel de l'ame c'est Dieu mesme
  Que i'adore au brouillas:
Les plus diuins esprits le voyent à l'aurore;
Helas ie meurs d'amour, ne le voyant encore
  A l'aurore icy bas.

XI.

O poinct du iour de Dieu! beau midy desirable!

O midy sans couchant! ô vespre souhaittable
  Où le cœur veille & dort!
Quel est ce poinct du iour, que de Dieu l'entre-
  ueüe?
Qu'est-ce que ce midy que sa parfaicte veüe?
  Ce vespre que la mort?

XIII.

La mort des vrays amans est à Dieu precieuse,
Il reçoit en ses bras l'ame victorieuse
  Dans le sein de la paix:
Au costé de Iesus heureuse elle sommeille
Iusques au poinct du iour, mais au Ciel elle
  veille
  En son Dieu pour iamais.

CANTIQUE LXXXV.
I.

DAns l'abisme diuin mon ame est en-
  gloutie,
Ie croy que la pauurette est en Dieu conuertie,
  Car ie ne la voy plus,
C'est vne goutte d'eau dans la mer respanduë;
Quelle bonté de Dieu! car l'ame en soy perduë
  Se retrouue en Iesus.

II.

N'est-ce point la Chanson que S. Paul vouloit
  dire,

Quand l'esprit est cōioint auec Dieu qu'il desire
   Il est faict vn Esprit;
Au prix de ceste mer, n'estāt riē qu'vne goutte,
Seigneur, prenez mon ame & tost l'abismez
   toute
   Au sein de Iesus-Christ.

III.

On dit que le ternaire est vn diuin abisme,
Mais à l'œil de mon cœur il paroist si sublime
   Qu'il le voit sans le voir,
Il est haut & profond, immēse & sans espace,
L'hōme ne le peut voir par les yeux de la grace
   Qu'en vn obscur miroir.

IV.

Il ne voit qu'vn brouillas au lieu de la lu-
   miere,
Mais il est si rauy de la cause premiere
   Qu'il en benit l'effet;
Aussi ne fait il rien dans son ame innocente,
Il souffre simplement de ceste cause agente
   L'acte pur & parfaict

V.

Heureux il souffre Dieu, iubile & sabbatise,
Tandis que l'esprit S. dedans son cœur attise
   Les feux de mille amours:
Il admire ces trois au leuer de l'aurore
Qu'en vne simple essence en esprit il adore
   Dans les diuins seiours.

SPIRITVELS.

VI.
Mille fois chaque iour il eslance son ame
Au Paradis d'amour, en figure de flamme,
   Il void aux lieux diuins
Vn grand fleuue de feu ruisselant de sa face;
Aux rays de ce Soleil, se fondent comme glace
   Les ardans Seraphins.

VII.
Voyant ces grands braziers qui bruslent tous
   les Anges.
Chantant dedans ces feux du Seigneur les
   loüanges
   En ce sacré seiour,
Il chante à Iesus Christ ceste chanson mistique,
Que ne puis-ie mourir de la mort Angelique
   Au baiser de l'amour!

VIII.
Vn Ange luy dit lors, si tu veux (tres-chere ame)
Brusler heureusement dans la celeste flamme
   De ton diuin Espoux
Il faut, il faut mourir sur le mont de Caluaire,
Et languissant d'amour esprouuer en mistere
   Combien Iesus est doux.

IX.
Il semble rude aux sens, doux à l'ame amou-
   reuse,
Martire de l'amour elle est renduë heureuse
   Voire mesme en souffrant:

Quelle gloire aura l'ame au sein de Dieu rauie
Puis qu'il luy faict gouster vne si douce vie
 Pour Iesus-Christ, mourant?

X.

Ignorant sagement le mistere supresme,
Ie veux croire qu'amour est le Paradis mesme
 Que Dieu garde aux Esleuz,
C'est le vray Paradis de l'ame bien fidelle
Que mourir en la Croix, où son Dieu se reuelle
 Au costé de Iesus.

XI.

C'est là qu'elle cognoist l'ineffable mistere
Des trois noms & d'vn Dieu, là d'vn œil sa-
 lutaire
 Entreuoyant ces trois
Qui sont vn dans l'essence, à eux elle se donne,
Preferant de Iesus l'espineuse couronne
 Aux sceptres des grands Rois.

XII.

Elle meurt, elle vit sans cesse en ceste vie,
Et mourante d'amour, viuante elle est rauie
 Au sejour glorieux:
Les vols sont si frequens qu'elle faict en Dieu
 mesme
Qu'elle pourroit vn iour, dãs l'extaze supresme
 Voler dedans les Cieux.

CANTIQUE LXXXVI.

I.

AV rayon tenebreux où se cache l'Essence,
Dans l'obscurité claire où loge le silence
   I'entreuoy ces beaux trois.
Lesquels estans nommez demeurent ineffables,
Et ces trois sont vn Dieu que i'adore & ne vois
   Aux cachots admirables.

II.

Dans ces cachots diuins sont cachez tous les
   Anges,
Les Throsnes, Cherubins, les Vertus, les Ar-
changes
   Et tous les Saincts encor;
Ces tenebres ne sont qu'vne extresme lumiere
Qui desrobbe à nos yeux le diuin throsne d'or
   De l'essence premiere.

III.

Le Soleil bien souuent est caché d'vn nuage
Alors l'œil ne peut voir son rayonnant visage
   Qui ce beau tout faict voir;
Quãd l'air est espuré, nos yeux n'ont pas encore
De le voir fixement en face le pouuoir
   Qu'à la naissante aurore.

IV.

Du Soleil du Soleil, la face glorieuse
Des yeux vains & charnels de l'ame chassieuse
  Ne sçauroit estre veu;
Mais cachant sagement sa face d'vn nuage
Il peut estre de nous seulement entreueu
  Dans le mistique ombrage.

V.

Moyse ne le vid autrement qu'en la nuë,
Et les yeux moins impurs n'ôt sa face entreueüe
  En son lustre, en son iour,
Ils n'ont veu que des nuicts, dans ces nuicts admirables
Ils estoient transportez au celeste seiour
  Dans ses grandeurs aymables.

VI.

Que voyoient ces esprits dãs l'horreur salutaire
De ces cachots diuins? voyoient ils le mistere
  De ceste Trinité?
Nullement, nullement, mais y voyant les Anges
(Ces nonces lumineux de la Diuinité)
  Ils chantoient ses loüanges.

VII.

Celuy qui tout rauy dans l'extaze supresme
Dit i'ay veu le Seigneur, il se fait Dieu luy-mesme
  Car Dieu seul se peut voir,
On le voit biẽ au Ciel, mais c'est dans la lumiere
Du Verbe glorieux, immaculé miroir

De l'essence premiere.

VIII.

S. Denys dit aussi, quand tu vois quelque chose
Crois & dis vrayemēt que ce n'est pas ta cause,
 Mais les effects de Dieu:
Il suffit à l'esprit, au cachot solitaire
D'adorer l'Eternel sans principe & milieu,
 Sans voir son Sanctuaire.

IX.

Les Anges le voyant se confessent indignes
De contēpler sa face, & Dieu leur faisāt signes,
 Ils chantent qu'il est Sainct,
Aduouāt par ces voix, qu'estās esprits prophanes
Deuant sa saincteté, son amour les contrainct
 D'en estre les organes.

X.

Ils crient l'vn à l'autre en ceste grande extaze,
Le respect les faict craindre & l'amour les em-
 braze
 En ceste vision.
Et comme en admirant ceste trin'vne essence
Ils chantent d'vn accent plein d'admiration
 Quelle magnificence!

XI.

Ie croy qu'en Paradis, en voyant son visage
Les Anges ny les SS. n'ont point d'autre lāgage
 Que d'admirer tousiours
Disāt que Dieu est grād! qu'il est bō quelle gloire!

Estans sans fin rauis dans les sainctes amours
 De Iesus leur victoire.
XII.
Ils crient l'vn à l'autre, annoncez ie vous prie
Les grandeurs du Seigneur, ô tres-saincte
 MARIE
  Annoncez les sans fin.
L'Ange les dit aux Saincts & les saincts à
 l'Archange:
Tout defaut loüat Dieu, mais le trin'vn diuin
 Est sa propre loüange.

CANTIQVE LXXXVII.

I.

Confus ie veux chanter en cet humble Can-
  tique
Que ie ne puis chäter l'Hymne tout magnifique
 De ceste Trinité
Tout ce que i'en ay dit ie desaduoüe encore
Sinon quand i'ay chanté que le trin'vn i'adore
 En tres-simple vnité.

II.

Il est biē vray qu'estāt rauy hors de moy-mesme
Ie n'ay rien dit du tout de cet Estre supresme,
 Mais ce qu'il n'estoit pas,

SPIRITVELS.

Chantant qu'on ne peut voir l'essence inaccessible
Sans estre fait diuin, glorieux, impassible
 Apres vn doux trespas.

III.

On voit les pieds de Dieu mais son pas son visage;
Si ie ne parle icy que d'ombre & de nuage,
 De silence & d'horreur,
De cachots, de broüillas, on void la defaillance
Que cause en nous le Pere auec la sapience
 Et l'Espoux de mon cœur.

IV.

Ne disant rien de Dieu, dans l'excez c'est sa
 gloire
Et mon propre salut, infiny le faut croire
 Afin de l'adorer;
Ie ne sçaurois parler de ses beaux noms supresmes
Sans entrer en extaze, en sortãt de moy-mesmes
 Pour le mieux admirer.

V.

C'est la grandeur de Dieu, c'est le bon-heur de
 l'homme
Non de le voir icy, mais en faisant vn somme
 Au sein de l'homme Dieu
L'adorant aduoüer que son plus beau Cantique
C'est chanter qu'on ne peut son estre magnifique

CANTIQVES

Chanter en ce bas lieu.

VI.

Ne pouuãt louër Dieu que ie ne puis cõprendre
Ie veux dans son costé ceste science apprendre
  Des playes de Iesus,
Ces playes m'apprendront les misteres d'escrire
Qu'en ce tẽple d'amour ie chãte quãd l'admire
  Le ternaire, confus.

VII.

De ma confusion Dieu tirera sa gloire,
Absorbant mon esprit, mon vouloir, ma me-
  moire
  Dans l'Espoux de mon cœur
Sa Croix m'enseignera ce mystere sublime
Non pas pour en parler mais pour en cet abisme
  Terminer ma langueur.

VIII.

Las! ie meurs en pensant à sa mort salutaire,
Et ie meurs mille fois d'vne mort volontaire
  Que l'on appelle amour
Quand ie voy que Iesus en Croix perdit la vie
Afin qu'en ce trin' vn fust la mienne rauie
  En l'eternel seiour.

IX.

Si ie croyois mon cœur ie ferois ma demeure
En ce sacré costé iusqu'a tant que ie meure,
  Demeurons y tousiours
Pour penser à iamais aux playes florissantes

De ce diuin Espoux qui rauit ses amantes
 D'eternelles amours.

X.

Quel prodige excellent, que voyant au Caluaire
Mourir vn hõme Dieu, dãs ce sanglant mystere
 On rencontre l'amour?
En y trouuant l'amour on y trouue la vie,
Là mesme en se perdant on a l'ame rauie
 En la celeste Cour.

XI.

Que voit-on plus icy? l'on y voit, on y touche
Le cœur de Iesus-Christ, du cœur non de la
 bouche,
 Et dans ceste Vnité
Certes dans vn excez on ne void pas encore
La saincte Trinité, mais Dieu mesme on adore
 En grande humilité.

CANTIQVE LXXXVIII.

I.

L'Homme ne peut auoir de Dieu la cognois-
 sance
 En ce mondain pourpris,
Par son entendement, mais par simple ignorãce,
 Car lors que ses esprits
Diuinemẽt abstraicts, sõt perdus en luy-mesme
Il se retrouue heureux dans le Verbe supresme.

II.

L'homme n'est pas le corps, ç'en est vne partie,
La meilleure est l'esprit
Celle cy par amour est en Dieu conuertie
Au sein de Iesus-Christ.
Lors qu'oubliant le corps, le monde & toutes choses.
L'ame rauie adhere à la cause des causes.

III.

Si l'homme estoit crée pour vne creature,
Pour vn obiect finy,
L'esprit non par la grace ainçois par la nature
Y pourroit estre vny,
L'vnion sans amour seroit fort imparfaicte,
Et l'amour sans beauté son Idee parfaicte.

IV.

Dieu seul est le vray beau, sa douceur infinie
Ayme l'obiect finy,
Le mariage fait de la chose finie
Auecques l'infiny
Est heureux & parfaict, car il enrichit l'ame
De ses perfections où d'amour elle pasme.

V.

Si l'Ange estoit conioint auec la creature
D'estre Ange il cesseroit,
Si l'homme s'vnissoit aux obiects de nature
Comme eux il deuiendroit;
L'Ange & l'homme conioincts auec l'obiect supresme.

SPIRITVELS. 303

Deuiennēt par amour nō d'essence Dieu mesme.

VI.

Quand l'ame sort du monde, & soy-mesme
  abandonne
 Pour les diuins seiours
Le Fils la donne au Pere & le Pere la donne
  A l'Esprit des amours,
Et ce diuin Esprit (que l'amour on appelle)
Pour la changer en flāme, en flamme se reuelle.

VII.

Deuant ceste vnion l'ame n'estoit que glace,
  Elle n'est plus qu'amour,
Il ne luy reste plus qu'à voir de Dieu la face
  Au celeste sejour
Pour sçauoir bien que c'est que Paradis, encore
Voit-elle son Soleil comme au poinct de l'aurore

VIII.

Alors Dieu se faict voir à l'ame en telle sorte
  Qu'elle le cognoist bien,
S'il se descouuroit plus, la pauurette est ā morte
  De luy ne verroit rien,
Et voyāt de son Dieu, non la face mais l'ombre,
Des esprits biē-heureux elle pēse estre au nōbre.

IX.

I'ayme mieux ce brouillats (dit ceste ame a-
  moureuse.
 Où ie voy mon Sauueur.
Que du mōde les iours, là presque biē-heureuse

Cet Espoux de mon cœur
Me rende ces trois qui ne sont qu'vne essence,
Et ie meurs (la voyant) en saincte defaillance.
X.
I'ayme mieux ceste mort que la mondaine vie
Qui n'est qu'vn vain trespas,
L'ame amante du monde, & non du Ciel rauie
Mon Amour ne voit pas;
Il me donne des yeux pour le voir en cachette
Et pour gouster sa paix en sa saincte couchette.
XI.
Vne simple Bergere, vne Porchere vile
Coucher au lict du Roy,
De ce Roy bien-aymé qui seul vaut mieux que mille;
Me met tout hors de moy
Pensant à ce bon-heur, à ce baiser supresme
Qu'il donnoit à l'Espouse en ce Paradis mesme.
XII.
I'adore vos grandeurs, (mon Dieu, mon Roy, ma vie)
I'admire vos bontez,
Ie n'ayme rien que vous, & mon ame est rauie
De vos sainctes beautez,
Acheuez de rauir le reste de mon ame
Dans le cœur de Iesus où desia ie me pasme.

CANTIQVE LXXXIX.

I.

VNe nuict sur vn mont en faisant mes prieres
En tres-grande ferueur
Ie vis dans vn esclair le Pere des lumieres
Et l'Espoux de mon cœur,
Et l'amour de ces deux, mais regardãt les Anges
Cet esclair se changea en des brouillas estrãges.

II.

I'entreuis au brouillas trois Soleils qui rauißẽt
Tous les Saincts à la fois,
Mais apres trois momens (qui mes vœux ac-
compliſſent)
I'en vis vn seul en trois,
Le brouillas s'eſpãchant par la mõtagne saincte
Ie suis rauy d'amour & me pasme de crainte.

III.

Lors ie ne vy plus rien, mais vne voix parfaicte
Sortant d'vn throsne d'or.
Chãtoit d'vn air bruyãt, semblãt vne trõpette,
Ou le tonnerre encor,
Auant l'aube du temps, le Soleil sans aurore
Luit dans sa propre essence, adore, adore, adore.

IV.

(Ame) adore le Pere, auec son Fils vnique

Et son divin esprit;
Adore en ces trois noms, l'essence magnifique
De Dieu dans Iesus-Christ
Qui mourut au Caluaire afin qu'au Ciel tu visses
Ces trois qui sont ton Dieu, ta ioye & tes delices.

V.

Tu ne vois que brouillas sur la saincte montagne,
Que nuage & qu'esclairs,
Dans la mistique pluye il faut que tu te baigne
De pleurs faisant des mers
Afin qu'vn iour pour toy le Ciel se rasserene
Pour y voir du Soleil la beauté souueraine.

VI.

C'est le temps des brouillas, de la gelee & pluye
Que ce siecle inconstant,
Respirant l'air serain en la seconde vie
L'esprit est bien content,
Dans le sein florissant de l'essence premiere
Il ne void & ne sent que fleurs & que lumiere.

VII.

Quand du mont du Lyban Dieu son amie appelle.
Il essuye ses pleurs,
Il la pasme d'amour, luy disant vien, ma belle,
Vien, vien cueillir les fleurs
Du printemps eternel, la pluye est retiree

SPIRITVELS. 307

Et la Tourte a chanté dedans ceste contrée.

VIII.

Lors le pere luy dit, vien ma fille amoureuse
  Reposer en mon cœur,
Le Fils luy dit aussi, vien mõ Espouse heureuse
  Terminer t'a longueur,
Le S. Esprit luy dit, vien tost ma Colombelle
Car ie t'ayme d'amour & ie te trouue belle.

IX.

O que les pas sont beaux, de l'Espouse mignõne
  Montant en Paradis,
Allant au Pere S. qui à son Fils la donne,
  Au sainct Esprit le Fils:
Si volant du dezert la Colombe est rauie,
O Dieu que fera-elle au sejour de la vie?

X.

Elle ne fera rien que souffrir bien-heureuse
  L'acte tout rauissant
Du Pere, Esprit & Fils, dont la gloire amoureuse
  Tous les saincts agissant
(Estans reduits à rien) par cet Esprit supresme
Ils sont faicts par amour non Anges, mais
  Dieu mesme.

XI.

Sus adorons tousiours sur le mont solitaire
  Ces trois qui ne sont qu'VN.
Afin que dans le Ciel contemplant le mistere

De ce grand Dieu trin'vn
Nous chãtions à iamais gloire & magnificence
Au grand Roy qui tousiours regne en sa propre
essence.

CANTIQVE XC.

I.

PRincipe sur Principe, & la cause des causes,
Tout qui comprenant tout est dessus toutes
   choses,
   Eternel & sans lieu,
Qui tousiours immuable, en aucũ lieu ne passe,
Non veu totallement par les yeux de la grace,
   Qu'est-ce là sinon Dieu?

II.

Estre qui mouuant tout, immobile demeure,
Sans temps, sans mouuement, sans siecles &
   sans heure,
   A soy-mesme pareil,
Il est tout & n'est rien comme on estime encore,
Le beau monde du monde & soleil sans aurore
   Et Soleil du Soleil.

III.

Ma pauure ame se fond au Soleil que i'admire
Comme deuant le feu soudain se fond la cire,
   Mon esprit se confond,
Deuãt telles grãdeurs les Anges ne sont fermes,

Elles sont sans milieu, sans principe & sans
 termes,
  C'est vne mer sans fond.
         IV.
En disant qu'il est Dieu, en vn mot c'est tout
 dire,
O non, c'est begayer; & quād l'Ange l'admire
  En ses sainctes amours,
Il entre en son neant, ne le pouuant comprendre,
Et dit qu'il n'est au Ciel qu'afin de biē apprēdre
  A l'admirer tousiours.
         V.
Les Astres du matin le chantent dés l'aurore,
En toute eternité le chanteront encore;
  Ayant passé mille ans
Et puis cent millions de millions encore,
Ne le comprenant pas ils diront ie l'adore,
  En luy se rauissans.
         VI.
Les Estoilles du Ciel ny les belles Planettes
Ne peuuent contenir les lumieres parfaictes
  De l'Astre radieux,
Mais plutost le Soleil les cōprendroit luy-mesme:
Qu'est-ce que ces effets au prix de l'autheur
 mesme
  Eternel, glorieux?
         VII.
Ie voy cēt mille esprits, (les mistiques Estoilles)

Adorãt le Soleil qu'ils contēplent sans voiles,
   Ne le comprendre pas,
Ils le voyent assez pour regorger de gloire,
Ils n'ont entendement, volonté ny memoire,
   Mourant d'vn doux trespas.

VIII.

Morts ils viuent d'amour au baiser salutaire
Que l'Espouse à l'Espoux demandoit par mi-
   stere;
   Ne pouuant en ce lieu.
Faire rien qu'admirer leur Principe ineffable
Qu'ils ne peuuent comprendre en sa gloire ad-
   mirable
   Car il est tousiours Dieu.

IX.

O gloire dessus gloire! extaze sur extaze
Qui les Anges rauit & tous les SS. embraze
   D'eternelles amours!
C'est qu'ils voyent trois noms dans vne essence
   vnique;
Qui deuant cet objet ne seroit extatique
   Tousiours, tousiours, tousiours?

X.

Ils ne sont seulement deuant l'objet supresme,
Ils sont tous dedãs luy, demeurãt en luy-mesme
   Par gloire & par amour,
Les Anges sont en Dieu & Dieu dedans les
   Anges,

                          Sans

Sans cesse il les benit, ils chantent ses loüanges
Tant que dure le seiour.

II.

Le grand iour eternel, tousiours de mesme dure,
Dieu & l'Eternité c'est la mesme nature,
Là n'est ny temps ny lieu,
Les Saincts seront tousiours rauis dans ceste essence
(La mesme Eternité, gloire & magnificence)
Tant que Dieu sera Dieu.

XII.

Benissons le S. Pere au leuer de l'aurore,
Benissons son cher Fils, & benissons encore
Cet Esprit des esprits:
Ce qui donne à mon cœur vne ioye nouuelle
C'est que Dieu se benit d'vne gloire eternelle
Au sein du Paradis.

CANTIQUE XCI.

I.

Dans le sein rauissant de l'essence premiere
Logent tous les esprits,
Ils ne voyent ces trois qui sont en l'VN compris
Sans la saincte lumiere;
C'est beaucoup au mortel, dans ce diuin miroir
De voir qu'il ne peut voir.

II.

En priant vne nuict, au vol de ma pensee
    Ie vis ouurir les Cieux,
En extaze elle vit les esprits glorieux,
    En Dieu mesme eslancee,
Le pensant regarder dedans son throsne clair
    Ie ne vy qu'vn esclair.

III.

Soudain l'esclair se change en vn espais nuage
    Duquel vn Ange sort,
Disant, ne pense pas le voir deuant la mort,
    Nous voyons son visage
Et toy tu vois ses pieds (qui sont beaux &
    parfaicts)
    En ses diuins effects.

IV.

Le nuage sacré se perdant de ma veüe
    L'Ange ie ne vy plus,
Mais ie vis à l'instant vn Nonce de Iesus
    Fendant la voute bleüe
Auec ses aisles d'or, qui disoit, le mortel
    Ne peut voir l'immortel.

V.

Puis ie vy dans le Ciel des nuages mistiques
    Pleins d'Anges qui chantoient,
Les vns chātoiēt tousiours, les autres escoutoiēt
    Leurs amoureux Cantiques,
Chantāt tous pour refrain, l'Eternel, des esprits

SPIRITVELS.

Ne peut estre compris.

VI.

Oyant ce beau refrain, i'adorois en mon ame
 Ce puissant Roy des Rois,
Indigne me trouuant de chanter de la voix,
 L'admirant ie me pasme,
Iesus me regardant de son sacré seiour
 Me fit mourir d'amour.

VII.

O prodige nouueau! ie voy qu'il me regarde
 Et ie ne le puis voir,
Si ce diuin Soleil ie pouuois entreuoir
 Quand ses rayons il darde,
Mon cœur s'enuoleroit dans la celeste Cour,
 Mais las! il meurt d'amour.

VIII.

Iesus en regardant les Anges & sa Mere
 Les va tous rauissant,
Ils ont tousiours les yeux sur le Verbe naissant
 Du pur sein de son Pere,
Les voyant tous pasmez en ce diuin sejour
 Ie meurs & vy d'amour.

IX.

L'amour est mon principe & nourriture aymee
 En l'vn & l'autre lieu,
Dieu seul est mon amour, & l'amour est mon
 Dieu;
 Mon ame ainsi pasmee

Pour en luy par amour en fin me transformer
  Voudroit tousiours l'aymer.

X.

Les Anges & les Saincts qui sont deuant sa
  face
  Le cherissent tousiours,
Mais dans l'ardant excez de leurs sainctes a-
  mours
  Ils ne sont rien que glace
Au respect de Iesus, le Roy des Seraphins,
  Bruslant de feux diuins.

XI.

Trois sont dedãs le Ciel s'aymãs d'vne maniere
  Qu'on ne peut exprimer,
De soy la Creature est indigne d'aymer
  Ceste essence premiere,
Quãd nous serõs rauis dãs le lieu sur tout lieu
  Nous l'aymerons en Dieu.

CANTIQVE XCII.

I.

Qve voy-ie dans le Ciel ! dans la region
  saincte
  O que ie voy d'esclairs !
Vn tonnerre bruit doucement par ces airs

SPIRITVELS.

Qui me remplit de crainte,
Mais la crainte faict place à l'amour quand ie
vois
Au nuage ces trois,

II.

Quels trois? las ie ne sçay, ie ne les vois encore
Iusqu'à tant que ie sois
Rauy dedans les Cieux, mais i'entens vne voix
Criant trois fois adore,
Adore par trois fois ces trois qui sont vn Dieu
Pasmé dans le sainct lieu.

III.

C'estoit au poinct du iour qu'en d'vn mot solitaire
Contemplant les beaux Cieux
I'apperceus vn brouillas & ie le vy sans yeux
Dans l'amoureux mistere,
Ainsi ie vy sans voir le Pere, Esprit & Fils
Qui sont mon Paradis.

IV.

Esleuant vers le Ciel les foibles yeux de l'ame
Ie vis obscurement
Des Anges qui loüoient le Roy du firmament,
Semant de mainte flamme
Ces beaux airs espurez où les purs Seraphins
Chantoient des airs diuins.

V.

Les lieux qu'ils trauersoient, ne demeuroient
pas vuides,

CANTIQVES
Y ayant faict seiour
Ils estoiēt tout remplis de lumiere & d'amour,
  Et ce furent les guides
Qui menerent mon ame en ie ne sçay quel lieu
  Où ie ne vy pas Dieu.
    VI.
Certes ie ne vy rien, on ne voit de ma cause
  (Sans principe & sans bout)
Aucun traict rauissant sans voir de ce beau
  tout
  En un poinct toute chose:
Mais ie vy seulement que ce Roy glorieux
  N'est pas l'obiect des yeux.
    VII.
Ne voyant rien ie vis une grande merueille
  D'un œil misterieux,
Vne parfaicte foy ne doit point auoir d'yeux,
  Elle voit par l'oreille,
Le cœur qui croit il voit, sans rien voir il voit
  tout
  Sans un sensible goust.
    VIII.
Dieu n'est pas veu de l'œil & mortel & sēsible
  Ny de l'œil de l'esprit,
Il est veu seulement par l'œil de Iesus-Christ;
  Il est inaccessible
Au cœur du vicieux, & non pas à celuy
  Qui meurt d'amour pour luy.

SPIRITVELS.

IX.

Les Nonces du grand Roy, en trauersant les plaines
  Et montagnes des Cieux,
Parfumoient tous les airs des baulmes precieux
  De leurs douces haleines,
Chantāt courons apres les charmantes odeurs
  De l'Espoux de nos cœurs.

X.

Rauy ie leur disois, beaux Anges ie vous prie
  Ne volez pas tousiours;
Puisque ie ne puis voir l'Empereur des amours,
  Chantez ie vous supplie
Des Cantiques sacrez en ce tres-beau seiour
  A la gloire d'amour.

XI.

Commençant à chanter, mon ame appesantie
  Eust bien voulu voler
Hors du corps auec eux, pour mieux se consoler
  En son Dieu conuertie,
Mais vn Ange luy dit, auant l'heureux trespas
  Tu ne le verras pas.

XII.

On dit que S. François, au doux son de la lyre
  Qu'vn bel Ange touchoit
Rauy de ses douceurs, l'esprit se destachoit
  De son mortel empyre,

CANTIQVES

Mais cet Anges cessant ne rompit les accords
 De l'ame & de son corps.

XIII.

Anges, ne cessez pas, sonnez, chantez encore
 Le nom de mon Sauueur,
Heureux ie veux mourir pour l'Espoux de mon
 cœur
 Qu'en extaze i'adore,
Le cœur qui meurt pour luy, d'vn trespas a-
moureux
 N'est-il pas bien-heureux?

CANTIQVE XCIII.

DE L'ETERNITE'.

I.

Tout n'est que vanité, tout ce qu'on voit
 en estre
N'est rien deuant cet Estre eternel, infiny;
L'Estre cōme estre peut, quelque chose paroistre,
Mais c'est bien peu de chose entant qu'il est finy,
L'infiny, le finy, ce sont deux poincts extresmes,
Non ce n'est qu'vn seul poinct, le finy n'est rien
 mesmes.

II.

L'estre finy pourroit estre en soy quelque chose,
Mais rien le comparant auec l'infinité,
Le temps qui de trois poincts se forme & se compose
N'est qu'vn neant au prix de ceste eternité;
Toute chose est en Dieu tout ce qu'elle doit estre
Mais dans l'estre eternel elle ne peut paroistre.

III.

L'eternité, le temps & le monde, precede
D'vn espace infiny, sans temps, mesure & lieu;
L'eternité tousiours tout son estre possede,
Dieu seul est eternel, l'eternité c'est Dieu;
Le passé, le present & le futur encore
N'entrent chez l'Eternel que tout esprit adore.

IV.

La belle Eternité des siecles est la Reine,
Le grand siecle du siecle, & regnant sur tout lieu
Sur le tẽps & la mort, triomphe, souueraine;
C'est l'immense pourpris de la maison de Dieu:
Le siecle des mortels par le temps se mesure
Mais eternellement, de Dieu le siecle dure.

V.

Comparez cent mille ans à l'eternelle vie,
Cent mille millions, tout cela n'est qu'vn iour
Ains qu'vn petit moment; vne amẽ fut rauie
Plusieurs siecles (dit-on) en l'eternel seiour,

Mais tout ce temps si long, luy sembla (chose estrange!)
L'espace de 3. iours, oyant chanter vn Ange.

VI.

Et si l'oyseau prenoit en la mer vne goutte
Au bout de cent mille ans seulement vne fois
En fin l'eau de la mer il espuiseroit toute
(Subiecte au temps borné par les diuines loix)
La seule eternité, mer sans fonds & sans riue,
Sans principe & milieu, à nulle fin n'arriue.

VII.

Le temps frere du Ciel, nasquist auec le monde
Ses mouuemēs diuers, reiglant & compassant:
L'Eternité tousiours en merueilles feconde
A tousiours existé d'vn estre rauissant
Dans l'essence de Dieu des mouuemens la cause;
Dieu & l'Eternité c'est vne mesme chose.

VIII.

Il fut, est & sera, cela se pourroit dire
Du Seigneur Eternel, mais parlant proprement
Il faut dire qu'il est, cet estre en soy i'admire,
L'Eternité sacree est vn diuin moment,
Vn moment indicible, vn moment perdurable,
Vn moment eternel, vn moment admirable.

IX.

Dieu voit d'vn seul regard dedans sa propre essence
Tout ce qui est, qui fut & qui sera iamais:

SPIRITVELS.

simples, n'estimōs pas qu'il en ayt cognoissance
Comme nous seulement dans l'estre des effets,
Il cognoist tout en luy qui seul est toute chose,
Dans la cause l'effet, la cause dans la cause.

X.

Ne pensez pas aussi que sa simple prunelle
Qui penetre des cœurs le cachot plus profond,
Contemple l'aduenir comme chose nouuelle,
Regarde le passé comme les hommes font,
Tout est present à Dieu, sa souueraine veüe
A dés l'eternité toute chose preueüe.

XI.

Ha! que i'admire en Dieu ces merueilleux pro-
  phetes
Qui predisoient ia dis les misteres abstraicts,
Mais il en faut donner les loüanges parfaictes
Au Soleil eternel qui (luisant) les a faicts
Enfans de la lumiere, imprimant en leurs ames
Par son esprit diuin ses eternelles flammes.

XII.

Mō Dieu, regardez moy des yeux de vostre grace,
O mon souuerain bien, ie ne suis rien sans vous,
De mes salles pechez destournant vostre face
Tournez sur mon esprit vos regards purs &
  doux,
Faictes misericorde à mon ame fidelle
Par Iesus-Christ assis à la dextre eternelle.

CANTIQVES XIII.

Faictes (Pere Eternel) que tousiours ie m'esprise
Pour vous ce monde errant qui n'est que vanité,
Que mon ame aspirant à la terre promise
Ne face cas du temps que pour l'eternité,
Pour chãter dans le Ciel d'vne voix Angelique
A vostre saincte gloire vn eternel Cantique.

CANTIQVE XCIV.

DV PARADIS TERRESTRE.

I.

Ayant Dieu fait la terre, & mis au monde Adam.
Bien tost il le rauit dans le iardin d'Eden
Le iardin de plaisir, le Paradis terrestre;
Mais il faudroit auoir vn Angelique esprit
Pour parler de ce lieu qu'auoit planté la dextre
Du Pere souuerain, laquelle est Iesus-Christ.

II.

Ce iardin est (dit-on) vers l'Orient placé,
Il doit estre excellent puis qu'il fut compassé
Par la diuine main qui forma toute chose:
Iettant mes foibles yeux sur ses compartimens

SPIRITVELS.

Sur le plan merueilleux que ceste main dispose
Mon esprit est tiré dans les rauissemens.

III.

Mainte belle fontaine & mille clairs ruisseaux
Ornent ce beau verger, toutes sortes d'oyseaux
Y chantent en tout temps, tout est plein de mer-
  ueille:
Il y a mainte allee où l'on passe le temps
A s'aller promener, ô chose nompareille!
On iouyt en ce lieu d'vn eternel Printemps.

IV.

Le Soleil luit tousiours en ce sacré verger,
On ne laisse pourtant de s'y bien heberger,
Ses beaux arbres faisant vn tres-plaisant om-
  brage;
Tousiours vn air suaue, agreable & serain
On respire en ce lieu tout tapissé d'herbage
Et des plus belles fleurs que Flore ait dans son
  sein.

V.

Le Ciel le fauorise, & iamais les Autans
Ny soufflent, les Zephirs amoureux du Prin-
  temps
Haleinēt sur les fleurs, des fleuues l'embellissent
Qui peuuent figurer les quatres Elemens
Ou les quatre vertus qui (puissantes) regissent
Du petit Vniuers les diuers mouuemens.

VI.

Les arbres portēt fruict en tout temps en ce lieu,
Mais l'arbre de science, & de vie au milieu
Sur tous sont excellens; ô Dieu la belle chose!
Trop belle pour Adam qui là trouua la mort,
Au lieu que dans l'vn d'eux il eust trouué la cause
D'vn bon-heur immortel, s'il eust esté plus fort.

VII.

De l'arbre de science il gousta (curieux)
Helas ce fruict fatal ouurant ses simples yeux,
La science trouuant il perdit l'innocence:
Si de l'arbre de vie il eust (sage) mangé
Il n'eust pas perdu Dieu par sa mortelle offense
Et son estre viuant en vn mortel changé.

VIII.

Adam fut colloqué dans ce lieu gracieux
Pour adorer son Dieu, pour esleuer les yeux
De l'esprit & du corps au Paradis de l'ame,
Pour sans cesse admirer son souuerain Seigneur
Qui sãs cesse en son cœur allumoit mainte flâme
Qui sur ce S. Autel brusloit en son honneur.

IX.

Adam est quelque temps en ce plaisant seiour
Contemplant tout rauy l'obiect de son amour,
Tout le Ciel le visite, & la Trinité mesmes
S'y promeine à my-iour, cet homme rauissant
Dans vn Ciel de plaisirs & de ioyes supresmes,

SPIRITVELS.

Qui sans fin dans l'excez son Dieu va benissant.

X.

Qui pourroit raconter toutes les visions?
Qui pourroit deuiner les reuelations,
Les extazes qu' Adam receuoit de ces veües
De son doux Createur? on n'auroit pas le temps
Ny l'esprit de les dire, elles sont incognuës;
En Sôme Adã & Eue estoient là tres-contens.

XI.

Pensez vous point qu' Adam plein de felicité
En ce doux Paradis voyoit la Trinité
(Au moins autant que Dieu peut estre veu de
  l'homme?)
Ie le croy: car il eust toutes les visions
Qu'on se peut figurer, auant que par la pomme
Il fust seuré du suc des sainctes Onxions.

XII.

Mais ô cõmun malheur! voyez comme la paix
Au monde en mesme estat ne demeure iamais;
Soudain vient deuers eux l'Ange porte-lu-
  miere
Lequel pour tromper Eue en serpent s'est chãgé,
Tentant le pauure Adam, mais Eue la pre-
  miere
Par le fruict qu'ẽ ces deux noꝰ auõs tous mãgé.

XIII.

Le Cantique faudroit si ie chantois icy

Par ordre le desordre & le malheur aussi
Que causa ce manger en mainte & mainte
 sorte:
Ils furent donc de là tous deux chassez de Dieu
Lequel du Paradis ayant fermé la porte
Y mit un Cherubin pour garder ce beau lieu.

CANTIQUE XCV.

I.

Un iour leuant les yeux à la voulte eter-
 nelle
Afin de contempler la saincte Trinité,
Mon bon Ange me dist, ceste simple vnité
Tu ne peux entreuoir si Dieu ne la reuelle.

II.

Alors baissant les yeux ie r'entray dans mon
 ame
Pour contẽpler mon rien dedans ce mesme lieu,
Au sommet de l'esprit vn rayon de mon Dieu
Soudain apparoissant il l'estonne & le pasme.

III.

De l'extaze, sortãt i'entre dãs vn lieu sombre,
Disant en mes ferueurs aux arbres d'alentour
Mon Dieu ne fait-il point en ce lieu son seiour,
Ce Soleil glorieux qu'on ne peut voir qu'à
 l'ombre?

SPIRITVELS.

IV.

Continuant tousiours en ces lieux solitaires
Mes discours amoureux, les rochers & les bois
Estás muëts & sourds aux accẽts de ma voix,
I'entretenois mon cœur de plusieurs beaux mi-
 steres.

V.

Au mõde i'adorois du Tres-haut la puissance,
La sagesse ineffable & la saincte bonté,
Et voyant l'Vniuers faire sa volonté
I'admirois dans ce tout sa douce Prouidence.

VI.

M'escartant du desert, sans cesse ie chemine
Par les monts & les vaus en cherchant mon
 Espoux,
Disant à chaque pas, si le chercher est doux
Qu'est-ce donc de trouuer de tous biẽs l'origine?

VII.

Ie m'escriois ainsi, contemplant les montagnes,
Dieu n'est-il point chez vous, car il est le Tres-
 haut?
Sans luy ce tout n'est rien, deuant luy tout de-
 faut,
Non, ce beau lys fleurit dãs les basses cãpagnes.

VIII.

Rencontrant des ruisseaux ou bien quelque ri-
 uiere
Ie ne peux les passer sans ainsi leur parler

Dieu n'est-il point en vous, en qui semble couler
L'ame côme un ruisseau dãs sa source premiere?

IX.

Puis regardant en l'air ie commence à luy dire
Le S. Esprit est l'air qui va tout animant,
Dieu n'est il point en vous, cet air doux & charmant
Dedans le sein duquel ma pauure ame respire?

X.

Leuant les yeux plus haut à la voute etheree,
Mon Dieu ne fait-il point (luy disie) en vous seiour?
Dieu ce feu consommant, ce feu de pur amour?
Ceste estincelle meurt sans sa flamme sacree.

XI.

Lors ie dis au Soleil, à la Lune argentine
Vous n'estes pas mon Dieu, c'est luy qui vous a faicts,
Mais n'est-il pas en vous côme cause aux effets
Puis qu'il est de mon cœur la lumiere diuine?

XII.

Interrogeant aussi le beau Ciel des Estoilles,
Ne parlant à l'oreille il respond à mes yeux
Admire en moy ton Dieu, tu verras à'autres Cieux
Quand de tes yeux la mort aura tiré les voiles.

XIII.

Parlant à ce grand Ciel l'empire des Archãges,

SPIRITVELS.

Mon Ange me respond au nom de ces esprits,
Dieu mesme estãt trouué seul demeure incõpris,
Adore auecques nous & chante ses loüanges.

XIV.

Lors vne voix du Ciel qui venoit du chœur
  mesme
Des enfans de la paix ou des purs Seraphins,
Chantoit vn doux Cantique & des airs tout
  diuins
Adorant au refrain le mistere supresme.

XV.

Qui peut comprendre Dieu (chantoit ceste voix
  belle)
Sans fin nous l'admirons en ce celeste lieu,
Il est grand, il est S. En vn mot il est Dieu,
Dieu tousiours il demeure encor qu'il se reuelle.

CANTIQVE XCVI.

I.

O Lumiere! ô broüillas! ô flammes! ô fu-
  mee!
Mon ame vous admire en vos secrets pasmee,
(Lumiere inaccessible à tout entendement)
Pour bien parler de vous il faut qu'on vous
  adore,

Pour bien vous adorer il faut mourir encore,
On ne voit vos grandeurs qu'en pur rauissemēt.

II.

Quand Dieu se reueloit sur la mōtagne saincte
Moyse oyoit vn tonnerre, & tous trembloient
de crainte,
Le peuple au pied du mont attendant son re-
tour,
Les trompettes sonnoiēt, la montagne enflāmee
Estoit pleine d'esclairs, de feux & de fumee;
Dieu fait (dit le Prophete) aux tenebres sejour.

III.

Sa lumiere trop grande est faicte inaccessible,
On l'appelle brouillas car elle est inuisible
A l'ame en ce cachot (où trop claire) elle luit:
Ce beau Soleil rayonne en l'Orient celeste,
Par son Verbe eternel aux Saincts se manifeste,
Estant caché pour nous en la mistique nuict.

IV.

Moyse contemplant ceste Essence premiere
Sur le mont enflammé dans la sombre lumiere
Le peuple luy crioit, que Dieu ne parle à nous
Il nous feroit mourir, mais parle à luy toy-
mesme:
Qui verroit en ce corps ce pur obiect supresme
Il mourroit de frayeur, combien qu'il soit tres-
doux.

SPIRITVELS.

V.
Vn seul rayon de Dieu (le Soleil de Iustice)
Pasme les Cherubins de ioye & de delice
Et fait trembler encor les ardans Seraphins;
Ensemble il est tres-doux & tres-espouuãtable;
Qui peut voir les esclairs de son œil admirable
Sans mourir ou tomber dans les excez diuins?

VI.
Ce grand Dieu cognoissant la foiblesse de l'ame
Se fait voir peu à peu, la caresse & la pasme
Non pas dans sa lumiere, ains en l'obscurité;
Ainsi sans trop d'horreur nostre esprit le con-
 temple;
Au plus sage des Rois il parut dans son tẽple
Cachant dans vn broüillas sa grande maiesté.

VII.
Ainsi le vit vn iour le Prophete Esaye,
La maison de fumee estoit toute remp.se
Où ce grãd Dieu voulut apparoistre à ses yeux,
C'est au Ciel seulement où sans aucun nuage
Sans broüillas ny fumee il monstre son visage,
Aux Saincts manifestant son estre glorieux.

VIII.
C'est là que ce grãd Roy (dõt le regne me chãge)
Se fait voir en sa gloire à l'ame & à l'Ar-
 change,
C'est là que le Soleil reluit en son mi-iour;
Tousiours cõme vn midy ce beau Soleil esclaire,

CANTIQVES

Orient eternel, qui d'vn œil salutaire
Remplit le Paradis d'allegresse & d'amour.

IX.

Souuent ce grand Soleil au monde manifeste
A ses parfaicts amans quelque rayon celeste
Mais non si clairement comme il fait dans les
    Cieux;
On peut accomparer ceste saincte lumiere
A l'estoille du iour, à la clarté premiere
Que l'on appelle aurore en ces terrestres lieux.

X.

Par l'aube de sa grace on arriue à la gloire
(Lumiere de Soleil) quand de la prison noire
Sortant l'ame s'enuole au lumineux seiour,
Elle voit le Soleil au Ciel non plus à l'ombre
Mais manifestement, estant receuë au nombre
De ses chers Benjamins les enfans de l'amour.

CANTIQVE XCVII.

I.

O Grãd Estre de l'estre, & qui hault esleué
Pardessus tout esprit, ne peux estre trouué
De nostre ame eslezee en l'extaze parfaicte,
Bien haut dessus tout temps, sur tout sens &
    tout lieu,
Sur ce qui est dit estre, & ce qui est dit Dieu,
Essence de l'essence absolument abstraicte!

SPIRITVELS.

II.

Rien n'est plus grand que Dieu, ce grand Estre parfaict
Lequel est de tout Estre infiniment abstraict,
Mais en disant Dieu est, il est plus grand encore
Plus haut, plus sainct, plus pur que ce sonnent ces dits,
Pour biē cognoistre Dieu faut estre en Paradis,
Encor l'estre diuin tout autre estre deuore.

III.

Au Ciel l'Ame, l'Archange & le haut Seraphin
Estans tous engloutis dans l'abisme diuin
Ils sont aneantis & Dieu les diuinise,
Ils sont dessus tout tēps, tout esprit & tout lieu,
Ils meurēt en eux-mesme afin de viure en Dieu,
Et leur estre muable en son sein s'eternise.

IV.

Voulant donc contempler cet Estre glorieux
Si tu veux t'esleuer à la cime des Cieux
Par quelque vanité de le penser comprendre
Le tres-haut te dira ainsi qu'à Lucifer
Qui est semblable à moy? va superbe en enfer,
Qui veut monter trop haut, soudain luy faut descendre.

V.

Mais pour biē contēpler Dieu ton souuerain biē
Sois humble, aneantie, entre dedans ton rien,
Et plus bas que le rien pour tes pechez encore:

CANTIQVES

Estant là ce bon Dieu iettant les yeux sur toy
Pour te remplir d'amour, d'esperance & de foy,
Dira monte plus haut, & ton Seigneur adore.

VI.

Lors tu contempleras de ton Dieu les grandeurs
Dans les rayons d'amour & les sainctes splen-
 deurs
Dont l'Orient d'enhaut illustrera ton ame;
C'est ainsi que le rien voit le tout au bas lieu,
Et c'est ainsi que l'home approche de son Dieu,
S'y conioinct & transforme, & dans son sein
 se pasme.

VII.

Deuant que l'vniuers fust du Verbe formé
Il n'estoit qu'vn neant, mais il fut animé
D'vn regard de ses yeux qui le rien au tout
 change:
De l'esprit humble & doux, le regard du Tres-
 haut
En faict vn petit tout, le sainct mesme defaut
Pour Dieu glorifier, comme fait aussi l'Ange.

VIII.

L'Ange dans son obiect se va tout eslançant,
Dans le sein paternel il se va rauissant
Par l'attraict souuerain du Verbe sa lumiere,
Il se laisse escouler dans la mer de l'amour
Mais auec tremblement il entre en ce seiour
Plein de sainctes horreurs & de gloire pleniere.

IX.

SPIRITVELS.

IX.

Ne vous estonnez pas si nostre ame en ce corps
Ne peut de l'Eternel comprendre les ressorts,
Ses amours, ses grandeurs, sa saincte proui-
　　dence:
Les Anges dās le Ciel en sçauēt plus que nous,
Mais tout ensemble il est si terrible & si doux
Qu'ils ne font (tout rauis) qu'admirer son es-
　　sence.

X.

Ny dans le corps mortel, ny dans le Tres-haut
　　lieu
Nul ne verra iamais l'occulte du grand Dieu,
Les cachots de sa gloire adorez en mistere;
Ce secret est pour Dieu, le regard de ses yeux
Est le vray Paradis de l'Ange glorieux,
Il suffit à l'esprit de voir son salutaire.

CANTIQVE XCVIII.

DES MONTAGNES.

I.

Monte (bische celeste) à la saincte mon-
　　tagne,
Cours au Mont de Bethel, tu seras la compagne

Des Cerfs & des Cheureux de ce plaisant se-
　　iour;
Languissant d'amour aux mondaines vallees
Pen sur le Mont de Dieu tes mistiques volees
Où tu verras l'Espoux, l'obiect de ton amour.

II.

Il habite les monts (sa demeure plaisante)
Là le cherche l'espouse, aux Cantiques se vante
D'aller dessus les monts de la myrrhe & d'en-
　　cens;
Les filles de Syon seiournent auec elle
Pour chercher leur Espoux en la montagne belle
En courant à l'odeur des parfums rauissans.

III.

De ces monts de senteur au mont Lyban retourne
Où ce diuin Espoux auec l'ame seiourne
(Car Lyban signifie vn pur blanchissement)
Il est couuert de neige, & les Cedres encore
Illustrent ce beau Mont où l'Espoux on adore
Auec vn pur esprit, dans le rauissement.

IV.

L'ame y iouyt en Dieu de fort grande delice,
Elle admire en ce lieu le mont de la Iustice,
Le S. Mont de sa gloire & ses hauts iugemens:
Elle adore l'Espoux, belle montagne sainčte
Dont le sacré paruis & la plaisante enceinte
Comble l'ame de ioye & de doux tremble-
　　mens.

V.

Les brillans Cherubins esleuant leurs prunelles,
Aux montagnes de Dieu, tres-hautes eter-
nelles,
Ne peuuent arriuer au sommet incompris:
Quel prodige est-ce cy? car ces monts si sublimes
Sont pour les Seraphins des glorieux abismes
Où se vont embrazāt leurs bie-heureux esprits.

VI.

Tādis que sur ces mots ma pauure ame est rauie
La bische ne court pas au seiour de sa vie
Apres son cher Espoux qu'elle desire tant,
Cours dōc apres Iesus, Cours (ô bische mistique)
Cours apres ses onguēs, luy chantāt ce Cātique,
En vous seul (cher Espoux) mon Esprit est cōtent.

VII.

Qu'on me donne les Cieux, qu'on me donne les
  Anges,
Qu'on me donne les mers & les terres estrāges,
Tout ce grād Vniuers & cēt mōdes nouueaux,
Mon esprit ne pourra se contenter encore
Ne possedant celuy que i'ayme & que i'adore,
Il est le bon des bons, il est le beau des beaux.

VIII.

Vn regard de ses yeux emparadise l'ame,
Vn regard de ses yeux tous les Archanges
  pasme,
Vn seul mot de sa bouche extazie mes sens,

P iij

Et la manne & le miel coulent à sa parole,
Son odeur me recree & sa voix me console;
Sõ port est doux & graue & ses pas rauissans.

IX.

Qu'il est beau! qu'il est sainct! quand ie me re-
    presente
Dessus ce mont sacré de ses beaux pieds la sentè.
Ie pasme en luy d'amour, l'aymant plus que
    mes yeux,
Voire plus mille fois que mon cœur ny moy-
    mesme,
Sa beauté cause en l'ame vn Paradis supresme,
Son amour est aussi les delices des Dieux.

X.

Voicy ce mont plaisant, voicy l'heureuse place
Où i'ay veu si souuent, non sa diuine face,
Mais senty le doux air de son visage aymé:
Cet aymable buisson en est vn tesmoignage
Où i'ay veu mon Amour dans vn secret om-
    brage;
Ayant l'esprit confus & le cœur enflammé.

XI.

Sous ce Cedre fatal au bon-heur de ma vie
Ie l'ay veu maintefois, ayant l'ame rauie,
Le voyant sans le voir dans vn doux sentimẽt:
Qui penseroit le voir icy bas d'autre sorte
Seroit sans iugement, tant qu'il ouure la porte
A l'esprit pour voler au nid du firmament.

SPIRITVELS.

XII.

O mon diuin Espoux, appellez aux montagnes
Mon ame vostre Espouse auecques ses compa-
gnes
Les Vierges, tous les Saincts & les Anges
encor:
A l'heure de ma mort que vostre voix resonne
Viens à nous du Liban, vien tost, vien (ma mi-
gnonne)
Nous mettrons sur ton chef vne Couronne d'or.

CANTIQVE XCIX.

DE LA SAINCTETE'.

I.

Acte simple & parfaict, abstraict infini-
ment
De matiere & de forme & de l'intelligence,
Si l'ardant Seraphin chante en rauissement
Vostre sainctete' pure en saincte defaillance:

II.

Comment puis-ie chanter qu'en extaze adorant
Ce secret que les Saincts dedans le Sanctuaire
Rauis par dessus d'eux vot sans cesse admirāt,
Estant tousiours pour eux vn oculte mistere?

CANTIQVE

III.
Qu'est ce que sainĉteté? ie l'ignore en effet:
Qu'est ce que d'estre Sainĉt? c'est vne grande chose:
Quoy donc le S. des Sainĉts? c'est vn mistere abstraiĉt,
L'effet ne doit comprendre, ains adorer sa cause.

IV.
L'essence du Tres-haut est le sein precieux
Qui contient la vertu, qui l'Ange sanĉtifie,
Le Sanĉta Sanĉtorum de ce Roy glorieux
Auquel la Trinité soy-mesme glorifie.

V.
Dieu (la Sainĉteté mesme) estant en son sainĉt lieu,
Sainĉt eternellement, largement communique
Ce thresor precieux à Iesus homme Dieu
Qui la sainĉteté pure à ses membres applique.

VI.
Les hommes sont faiĉts Sainĉts par ce Roy glorieux
A qui le Pere S. donna toute puissance
Tirant leur sainĉteté de son sang precieux
Comme son corps l'a pris de la Tres-sainĉte essence.

VII.
Les diuins attributs sont moindres en effet
Si vous les comparez à l'essence tres pure

SPIRITVELS.

Ainsi que les rayons du grand astre parfaict,
Semblẽt moins excellens extraicts de sa nature.

VIII.

Et bien que tous les noms soient tout pareils en
Dieu
(Ses attributs estant propres à son essence.)
La saincteté reuele en son lieu sur tout lieu,
Plus que tous sa iustice & sa magnificence.

IX.

La saincteté contient la Iustice & l'amour,
Et l'essence diuine est la saincteté mesme,
C'est vn soleil qui luit en l'eternel mi-iour
Aux Saincts communiquant sa lumiere supresme.

X.

Lumiere de lumiere & soleil du soleil,
Beauté de la beauté, amour & sapience,
Acte tres-pur & simple, à nul autre pareil,
Abstraction mistique, essence de l'essence.

XI.

Tout cela n'est rien dire, & ceste saincteté
Est celle que loüant est tousiours ineffable,
Il est vray car elle est la mesme Deité
Secrette, tres abstraicte, indicible, admirable.

XII.

De son estre sur l'estre on ne peut rien penser,
Ses emanations excedent la nature,
Les branslans seraphins n'osent pas s'eslancer

Dans le sein Abissal de sa gloire trespure.

XIII.

Ils chantent S.S.S. auec vn grand respect,
Receuant les ruisseaux de la saincte fontaine,
Les Saincts du S. des saincts adorant le secret
Sauourent de ses eaux la douceur souueraine.

XIV.

Ils sont rauis d'amour en ce lieu sur tout lieu
Dans le sein glorieux de la saincteté mesme,
Ce trespur sanctuaire est le souuerain Dieu
Qui leur met sur la teste vn Royal diadesme.

XV.

Prenant ceste Couronne en leur rauissement
Ils la mettēt aux pieds de la tressaincte Essence
Chantant Dieu seul est sainct, sus qu'eternelle-
 ment
Chacun luy rende honneur, gloire & magnifi-
 cence.

CANTIQVE C.

I.

Saincte Trinité personnelle,
O simple & diuine vnité,
Si vostre Estre ne se reuelle
A nostre fresle humanité

SPIRITVELS.

Faictes qu'au leuer de l'aurore
Rauy d'amour ie vous adore.

II.

Tirez sur la montagne saincte
Ma volonté qui n'a point d'yeux,
Montagne de broüillas enceinte
Où se monstre le Dieu des Dieux
A ses amans qui par merueille
Voyent ses grandeurs par l'oreille.

III.

Là pasmé lon void par miracle
Trois noms, vne Diuinité,
On entend chanter à l'Oracle,
Trois personnes en l'Vnité
De l'essence pure & supresme,
Des Saincts c'est le Paradis mesme.

IV.

Les Anges chantans ce Cantique
En Dieu se rauissent tousiours,
Ils ont sans fin l'ame extatique
Au sein de leurs sainctes amours,
Regorgeant de gloire eternelle
Qui pour leur salut se reuelle.

V.

Auant la belle aube du monde
Ces trois regnent en vnité,
La vie & gloire surabonde
En eux de toute eternité;

Adorons ce diuin ternaire,
En luy l'vnité necessaire.

VI.

Quelles grandeurs les Anges voyent
Le voyant au celeste lieu,
Si nos esprits qui l'entreuoyent
Crient en iubilant, Mon Dieu!
Ceste ioye n'est pas cognuë
Qu'en la voyant de pleine veuë.

VII.

Quel plaisir de gouster la vie
En son principe glorieux!
Puisque l'ame est desia rauie
Dans le broüillas misterieux
Qu'est-ce donc de voir la lumiere
Rauy dans l'essence premiere!

VIII.

Ie ne sçay, les Anges encore
Qu'ils voyent Dieu tres-clairement,
Chacun d'eux l'admire & l'adore
En l'excez de l'entendement,
Mais tousiours ils ne font qu'apprendre
Ce que l'esprit ne peut comprendre.

IX.

Dans le sein de l'essence belle
(Acte trespur & tres-parfaict)
Voyant un Dieu qui se reuelle
En trois noms (beau nombre parfaict)

SPIRITVELS.

Il adore, il ne sçait que dire,
Il ayme & tousiours il admire.

X.

Sortant du corps l'ame amoureuse
Elle entre au seiour de la Paix
Dont estant faicte bien-heureuse
En Dieu elle ne sort iamais,
Mais tousiours sortant de soy-mesme
Elle entre au sein de Dieu supresme.

XI.

En Dieu l'ame voit toutes choses,
Possedant tout, ne veut plus rien,
Voyant ceste cause des causes
Sa ioye & son souuerain bien
Le bien & le mal elle ignore
Et Dieu d'vn pur amour adore.

XII.

Auec les saincts saincte elle chante
Gloire soit à la Trinité,
Les Anges de voix rauissante
Chantent gloire à son vnité,
Et sans fin la Trinité mesme
Se donne vne gloire supresme.

P vj

S. CATHARINA SENENSIS.
Inueni quem diligit anima mea, tenui eum nec dimittam Cant. 3.
Iaspar Isac ex.

CANTIQVE DE
LA VIE ADMIRABLE
de Saincte Catherine de Sienne.

I.

A Muse d'vn Ange guidee
Pour voler aux obiects diuins,
Ie chante, non pas vne Idee,
Mais la sœur des beaux Seraphins.

II.

Selon le corps elle est tres-belle,
I'admire les traicts de l'esprit,
Du S. Esprit la Colombelle,
Le vray portraict de Iesus Christ.

III.

C'est peu d'appeller Angelique
Ma saincte esgalle aux Cherubins:
Oyez comme ma Seraphique
I'honnore d'Eloges diuins.

Pagination incorrecte — date incorrecte

NF Z 43-120-12

IV.

Elle est vierge, c'est sa loüange,
Elle est saincte dés ce bas lieu,
Par sa vie elle est un Archange,
Par son amour un petit Dieu.

V.

Un Crucifix vivant encore,
Vn Seraphin humanisé,
Vn Paradis où Dieu s'adore,
Vn œuure humain diuinisé.

VI.

A cinq ans la saincte pouponne
Du logis montant les degrez
A deux genoux (Vierge) elle entonne
De l'Ange les airs consacrez.

VII.

Les Anges voyans qu'elle honnore
Leur Royne en cet aage innocent
L'ayment & la portent encore
D'un vol amoureux & puissant.

VIII.

A six ans marchant par la ruë
Auec son frere ieune enfant,
Dieu paroist à ses yeux sans nüe
En Roy pompeux & triomphant.

IX.

Toute sa ioye, amour & vie
En tout temps, tout aage & tout lieu,

SPIRITVELS.

C'est d'auoir son ame rauie
Priant & contemplant son Dieu.

X.
Vn iour estant en la priere
Son pere vne Colombe vit
Dedans vne grande lumiere
Qui l'espouuante & le rauit.

XI.
La Colombe la Colombelle
Cherche comme son pair heureux;
Le S. Esprit la trouuant belle
De son Chef d'œuure est amoureux.

XII.
Vn iour estant fort desireuse
D'aller seule viure au desert,
Elle trouue vne grotte heureuse
Où son esprit en Dieu se perd.

XIII.
Sortant de son extaze errante
Se voyant au declin du iour,
Sur vne nuë transparente
L'Ange la porte à son seiour.

XIV.
En l'aumosne elle estoit extresme
A nul ne refusant iamais,
Elle se fut donné soy-mesme,
Ce bel exemple ie ne tais.

XV.

Noſtre Seigneur en la perſonne
D'vn pauure tout nud, languiſſant,
Vn iour luy demandoit l'aumoſne
Sans aucun luſtre apparoiſſant.

XVI.

Quittant ſa robbe elle luy donne
Ainſi qu'vn autre S. Martin;
Vn temps apres il l'enuironne
D'vn habit celeſte & diuin.

XVII.

Ce pendant qu'elle eſtoit en vie
(Morte au monde & viuante en Dieu)
Bien ſouuent elle eſtoit rauie
Sur le corps, le temps & le lieu.

XVIII.

Dans ſes rauiſſemens extreſmes
Elle voyoit le Paradis,
Les Anges & les enfers meſmes,
La Vierge & de Dieu les amis.

XIX.

Dans ſes vnions deïfiques
Contemploit les ſecrets diuins,
De Dieu les grandeurs magnifiques
Et les amours des Seraphins.

XX.

Eſtant vn iour toute extatique
Dans vn tres-pur rauiſſement

SPIRITVELS.

Elle voit son Espoux vnique
Qui l'embrasse amoureusement:

XXI.

Il la prend, la baise & la touche
Auec sa delicatte main,
A son costé luy met la bouche
Succant le miel du Seraphin.

XXII.

Iesus-Christ se monstrant à elle
Sa Couronne d'or luy fait voir,
Celle d'espines, mais fidelle
Elle veut la sanglante auoir:

XXIII.

Elle prend d'vne main celeste
Ce diadesme de Iesus
Et dit (le mettant sur sa teste)
Bien-aymer, souffrir & rien plus.

XXIV.

Admirez la bonté diuine!
L'Espoux, pour l'honnorer encor,
Auec la Couronne d'espine
Luy donne vne Couronne d'or.

XXV.

Ouurez de l'esprit les oreilles,
Pour exalter le Dieu viuant
Par l'vne des grandes merueilles
Qu'il va sur la Vierge esprouuant.

CANTIQVES

XVI.
Comme elle estoit souuent rauie,
Ainsi mourut elle vne fois
Vrayment & puis reprist la vie,
Dieu pour ce coup brisant ses loix.

XXVII.
Qu'elle vit de choses estranges!
L'horreur des peines des damnez,
Comme vne autrefois les beaux Anges
Et les heureux predestinez.

XXVIII.
Admirez en Dieu ces Oracles
Mais pour eux ayez de la foy,
En elle on ne voit que miracles,
C'est le Chef-d'œuure du grand Roy.

XXIX.
Elle est & n'est pas tout ensemble,
Elle est sans cœur & ne meurt pas,
La vie & la mort elle assemble,
Viuant dans l'amoureux trespas.

XXX.
Iesus luy rauit par merueille
Son cœur & luy donne le sien,
Elle est en terre sans pareille,
Toute en Dieu, pour le monde rien.

XI.
Estant dans le Ciel eslancee
Sur son esprit & sur tout lieu,

Elle voit l'humaine pensée
Et la beauté de l'ame en Dieu.

XXXII.

En fin se trouuant consommee
Dans les langueurs du sainct amour,
Estant presque tousiours pasmee
Au sein de son diuin seiour:

XXXIII.

Dans vn rauissement extresme
Reçoit les playes de Iesus,
Proferant d'vn accent supresme
Bien-aymer, souffrir & rien plus.

XXXIV.

Imposant fin à ces Oracles
Non pas aux loüanges de Dieu,
Ie tay qu'elle fit des miracles
Tandis qu'elle fut en ce lieu.

XXXV.

Son plus grand miracle est sa vie,
Sa mort vn prodige en effet,
Car en mourant elle est rauie
En Dieu par son amour parfaict.

XXXV.

D'amour bruslee elle trespasse
Ayant l'aage de son Espoux,
En disant Iesus elle passe
A Dieu dans son baiser tres-doux.

CANTIQUES XXXVII.

Cygne du Ciel, elle est rauie
Chantant à sa mort doucement,
N'est-ce pas vne heureuse vie
De mourir en rauissement?

L'EPYTHALAME DE SES nopces spirituelles.

I.

Qvelle est ceste Espouse diuine
Qui marche pleine de ferueur
Par le desert? c'est Catherine
Qui court apres son doux Sauueur.

II.

O que ie voy de belles choses!
Elle a sur son chef glorieux
La guirlande faicte de roses,
De Lys & d'œillets precieux.

III.

C'est la merueille des merueilles,
Les perles coulent sur son teint,
Elle a de beaux pendans d'oreilles,
D'vn carquan son col est enceint.

IV.

En ses doigts mignards elle porte

SPIRITVELS.

Les anneaux symboles de foy,
En ses deux bras de mesme sorte
Deux bracelets beaux dons du Roy.

V.

Ses patins faicts à la Royale
Rauissent le cœur de l'Espoux,
Ayant sa robbe nuptialle
Que son marcher est graue & doux!

VI.

Elle vole d'vn vol supresme
Sur les aisles du S. Esprit
Vers le temple de l'amour mesme
Afin d'espouser Iesus-Christ.

VII.

La Vierge se trouue en ce temple
Et prend l'Espouse par la main
Luy disant ma fille contemple
Mon Fils ton Espoux souuerain.

VIII.

Marie prend les mains ensemble
De Catherine & de son Fils
En foy les marie & assemble;
Ces nopces sont vn Paradis.

IX.

Iesus prend l'espouse mignonne
Luy-mesme & luy met en sa main
Vn anneau d'or, & puis luy donne
Vn baiser pur & souuerain.

X.

Quatre pierres tresprecieuses
Auec vn diuin diamant
Dans l'anneau sont misterieuses
Causant vn S. estonnement.

XI.

Mais outre la Vierge Marie
Qui ces espousailles parfaict,
Quelle est la noble compagnie
Presente à tout ce qui s'y faict?

XII.

C'est le mignon Euangelique,
C'est le vaisseau d'eslection,
C'est le S. Pere Dominique,
Rauis en admiration.

XIII.

Mais qui dedans le temple entonne
L'Epithalame des amans?
C'est Dauid qui chante & qui sonne
Vn air plein de rauissemens.

XIV.

Les Anges y chantent encore
Les Cantiques de Paradis,
Et chacun d'eux l'espoux adore,
Qui s'allie à ce diuin lys.

XV.

Quel est le pain plus delectable
Et les delices du festin?

SPIRITVELS.

C'est l'amour qui sert à la table
Les plus doux mets du seraphin.

XVI.

Qui sont les pages de la chambre
Du Roy ? sont les Anges des Cieux :
Quel est le thymiame & l'ambre ?
L'odeur de son corps precieux.

XVII.

Quel est le lict où la saincte ame
Se repose en ce diuin lieu ?
Le sein de Iesus qui la pasme
Dans le sainct baiser de son Dieu.

DV MANGER DE L'ESPOVSE.

I.

THerese fut vn iour rauie,
Sur le feu la poisle tenant,
Ma saincte le fut en tournant
La broche pour donner la vie
A ceux de sa propre maison :
Que douce fut sa pasmoison !

II.

Le repos de ceste saincte ame
Fut plus long & plus sauoureux

CANTIQVES
Que l'autre, son cœur amoureux
A la table de Dieu se pasme,
Ne pouuant partir de ce lieu
Où son mets est le mesme Dieu.

III.

Ma saincte tombe, en ceste extaze,
Au feu viuement allumé,
Mais la main de son bien-aymé
La tenant, le feu ne l'embraze
Bien qu'elle y face long seiour,
Esteint par le feu de l'amour.

IV.

Regardant à la table vne ame
Qui la contemploit fixement,
Ceste ame entre en recueillement,
Et ce doux regard qui la pasme
Ne peut souffrir que son esprit
Sauoure qu'vn seul Iesus-Christ.

V.

Doux repas, festin magnifique,
Que son cœur goustoit en ce lieu,
Miettes de la table de Dieu,
Vous estes ce mets Angelique
Qui portoit d'vn vol gracieux
Ceste Colombe dans les Cieux.

VI.

O ma saincte, ma douce mere,
Iette tousiours les yeux sur moy,

SPIRITVELS.

Que les miens se tournent vers toy
Comme ceux de ma sœur tres-chere:
Nous trois en esprit d'vnité
Contemplerons la Trinité.

DE LA GRANDE DEVOTION
qu'elle auoit au S. Sacrement, & de ses merueilles.

I.

Fvt-il, est-il, sera-il mesme
(Apres la Vierge seulement)
Ame qui d'vn desir supresme
Ayme Dieu plus parfaictement
Que ceste Vierge seraphique
Qu'en Dieu i'admire en te Cantique.

II.

Iesus est son amour vnique,
Son amour est de son esprit
L'ame & la vie deïfique,
Mourant, viuant en Iesus-Christ,
Mourant pour luy d'amour extresme,
Viuant en luy seul de luy-mesme.

III.

Elle estoit tousiours affamée
De le manger au Sacrement,
Sa vie eust esté consommée

Q

Sans luy dans le rauissement
Auquel elle goustoit (heureuse)
Le mets de son ame amoureuse.

IV.

Du corps elle ieusnoit sans cesse,
Ne pouuant ieusner de l'esprit,
Elle estoit forte en sa foiblesse,
Viuant au sein de Iesus-Christ;
Son cher Espoux son cœur deuore
Le changeant en luy qu'elle adore.

V.

Elle estoit les moys & semaines
Et les Caresmes sans manger,
Ces choses semblent souueraines
Au monde, & pleines de danger;
Mondains, entendez que sa vie
Dans le doux verbe estoit rauie.

VI.

Elle vit & meurt & se pasme
Dans cet aymable Sacrement,
Elle sembloit n'auoir vne ame
Que pour viure de son amant:
C'est beaucoup dire en ses loüanges
Qu'elle viuoit du pain des Anges.

VII.

Son Confesseur, ô chose estrange!
Luy donnant la communion,
Il la vit belle comme vn Ange;

SPIRITVELS.

Et Dieu cherchant ceste vnion
L'hostie s'enuole en sa bouche,
Et dans son cœur, sa chaste couche.

VIII.

Quand les Prestres en quelque sorte
Luy refusoient ce pain viuant,
Iesus (qui ses amis conforte)
Par miracle en elle arriuant
Disoit, Mon espouse mignonne,
Mon vnique, à toy ie me donne.

IX.

Elle receut la saincte Hostie
En forme d'vn enfant tres-beau,
Et soudain vne douce pluye
Contenant plus de feu que d'eau
Descend sur son ame tres-munde
Pour la rendre saincte & feconde.

X.

Son Confesseur cherchant l'Hostie
Ne la peût trouuer nullement,
L'espoux au cœur de son amie
Vola luy-mesme en vn moment,
A la fin de son ministere
D'elle il apprist tout le mistere.

XI.

L'Espoux l'Espouse communie
Plusieurs fois de sa propre main,
Vn iour elle beut l'eau de vie

Dedans son costé souuerain,
Disant succez, ma Colombelle,
Le laict de ma saincte mammelle.

XII.

Qui pourroit chanter ses merueilles ?
Et les extazes qu'elle auoit
Sortant des caues nompareilles
De son grand Roy qui l'esleuoit
Au secret de la cognoissance
De l'eternelle sapience.

XIII.

Estant au Sacrement rauie
Dans les chœurs des beaux Cherubins,
Goustant la vie dans la vie,
La Manne des purs seraphins,
Elle chantoit d'un air supresme
I'ay veu les secrets de Dieu mesme.

XIV.

O ma saincte, qui n'as au monde
Aymé que ton doux Iesus Christ,
Fay que sa mammelle feconde
(Thresor des dons du S. Esprit)
Influe en mon ame fidelle
Le laict de la vie immortelle.

SPIRITVELS.

DV RAVISSEMENT
de son cœur.

I.

Ma saincte en excez de langueur
Criant d'vne voix gemissante
Cher Espoux, ostez moy mon cœur
D'vne main douce & violente:

II.

Iesus dans vn recueillement
Son cœur arrache sans obstacle,
Ne viuant naturellement
Ceste amante, mais par miracle.

III.

O delicatesse d'amour!
(En ces instans l'ame est rauie)
Tirer du corporel seiour
Le vray cœur sans oster la vie!

IV.

Adam dans vn sommeil bien grand
Sent presque semblable merueille
Lors que Dieu sa coste luy prend,
Car le sens dort & son cœur veille.

V.

Ma saincte vers son Confesseur

S'en va tout soudain pour luy dire
Mon Pere ie n'ay point de cœur,
Aussi-tost il se prist à rire.

VI.

Comment peut-on viure sans cœur?
(Disoit-il d'vn humain langage)
Alors d'vne fidelle ardeur,
Ayant en l'ame vn diuin gage.

VII.

Elle luy dit au mesme lieu,
Viure sans cœur il n'est possible
Selon l'homme, non selon Dieu
A qui seul rien n'est impossible.

VIII.

Ma Saincte languit nuict & iour
Sans cœur aymant Dieu, chose estrange!
Brulant d'vne celeste amour
Semblable à celle d'vn Archange.

IX.

Vn iour son Espoux glorieux
Apparut dans vn tas de flamme
Portant vn cœur fort precieux,
Le voyant son esprit s'enflamme.

X.

Ma fille ne crain point, c'est moy,
(Celuy dit cet Espoux fidelle)
ie veux faire vn chef-d'œuure en toy
Où mon pur amour se reuelle.

SPIRITVELS.

XI.
Rendez luy tost (ô cher Espoux)
Son cœur pour luy donner la vie,
Afin qu'en extaze tres-doux
Elle puisse estre en vous rauie.

XII.
O bien-heureuse est sa langueur!
Heureuse sa mort viuifique!
Car ie luy veux donner mon cœur
Rendant sa vie deifique.

XIII.
Alors luy ouurant de sa main
Le costé rauissante touche,
Il luy donne son cœur diuin
Et le doux baiser de sa bouche,

XIV.
Celle qui viuoit en ce lieu
D'vn cœur humain & volontaire
Ne vit plus que du cœur de Dieu:
D'amour c'est le plus grand mistere.

XV.
I'admire en toy, de Dieu les faicts,
Fay que Iesus Christ par sa grace
Mon cœur arrachant pour iamais
Y mette le sien en sa place.

Q iiij

DES STIGMATES
de ma Saincte.

I.

Qvelle saincte & douce pensee
Fais-tu dans cet extaze heureux
Au vol de ton ame eslancee,
Deuers ton object amoureux?

II.

Penses tu point au diadesme
Qui couronna ton cher Espoux?
A son amour, à sa mort mesme
De son amour l'effet plus doux?

III.

Ie le croy, car estant rauie
Dans ses secrets embrassemens,
Tu sembles n'auoir plus de vie
Que pour le Roy des vrays amans.

IV.

Cinq rayons de couleur sanglante
(Rayons plus d'amour que de sang)
Dont la figure t'espouuante,
Te frappent les mains & le flanc.

VI.

Soudain tu tombes languissante

Entre les bras de ton Espoux:
Ne crain, ta playe est rauissante,
Pour Iesus le mourir est doux.

VII.

Viuant en luy tu meurs aux choses
Qui viuent par luy seulement,
Heureux, pour la cause des causes
Qui meurt dans le rauissement.

VIII.

Par vne humilité fidelle
Tu coniures le doux Iesus
Que ta playe ne se reuelle;
Soit faict (dit-il) que veux tu plus?

IX.

T'illustrant d'vne ioye entiere
Il dit à ses beaux Seraphins
Changez ce feu rouge en lumiere,
Et la naurez de traicts diuins.

X.

Ainsi ceste parfaicte amante
De Iesus est faicte en ce lieu
L'Espouse heureuse & languissante
Et la martire de son Dieu.

CANTIQUES

XI.

Elle est faicte par l'art supresme
(O Iesus quelle dignité!)
Le Crucifix de l'amour mesme
Et vn Christ sans diuinité.

FIN.